DICTÉES

EN TEXTE SUIVI

SUR

LES PARTICIPES

A L'USAGE

1° Des maisons d'Éducation;
2° Des personnes qui se préparent à l'examen du second
ordre (instruction primaire);

PAR

TH^{RE} LEPETIT

PROFESSEUR A PARIS

*L'instruction et l'éducation ne doivent
jamais être séparées.*

Prix : 2^f

PARIS

LAROUSSE ET BOYER, LIBRAIRES-ÉDITEURS

RUE SAINT-ANDRÉ-DES-ARTS, 49.

DICTÉES

EN TEXTE SUIVI

SUR

LES PARTICIPES

OUVRAGES DE M. TH. LEPETIT

GRAMMAIRE

Petit Lhomond des Écoles (le), ou Principes élémentaires de Grammaire française. Cartonné, 50 c.

Cette *Grammaire*, rédigée sur le plan de celle de *Lhomond*, enseigne, en un petit nombre de pages, *l'art de parler et d'écrire correctement en français*. Des définitions claires, précises, des exemples bien choisis, une théorie nouvelle pour la *conjugaison des verbes* et *l'emploi des temps du subjonctif*, l'orthographe des *participes* ramenée à une *règle unique*, etc., impriment un cachet tout particulier à ce petit ouvrage, fruit d'une longue expérience dans l'enseignement.

COURS GRADUÉ DE DICTÉES FRANÇAISES
EN TEXTE SUIVI, SUR UN PLAN ENTIÈREMENT NEUF

DICTÉES ORTHOGRAPHIQUES

Cours de 1re année, partie de l'Élève, 75 c.
— partie du Maître, 1 fr.
Cours de 2e année, partie de l'Élève, 1 fr. 10.
— partie du Maître, 1 fr. 50.
Cours de 3e année, dictées supérieures, suivies d'un Vocabulaire raisonné. 1 volume, à l'usage du Maître, 2 fr.

DICTÉES ORTHOLOGIQUES

En texte suivi, avec corrigé raisonné à la suite de chaque Dictée. 1 volume, à l'usage du Maître, 2 fr.

DICTÉES SUR LES PARTICIPES

1 volume à l'usage du Maître.......................... 2 fr.

DICTÉES SUR LES HOMONYMES

Partie de l'Élève... 1 fr. 10. | Partie du Maître... 1 fr. 50.

DICTÉES SUR LES SYNONYMES
(EN PRÉPARATION)

COURS GRADUÉ D'EXERCICES DE STYLE

Principes et exercices élémentaires de composition française, comprenant : 1º des Préceptes pour chaque genre ; 2º des Modèles de composition littéraire ; 3º de nombreux Exercices d'imitation. 1 volume, à l'usage des Élèves. Cartonné, 75 c.

Premiers exercices de style épistolaire, 1 fr. 10 c.

Exercices de style, précédés de notions élémentaires sur la composition littéraire, à l'usage des pensions des deux sexes :

Cours de 1re année, 1 fr. 50. | Cours de 2e année, 1 fr. 50.

Principes et exercices élémentaires de versification française, 1 volume, cartonné, 75 c.

Paris. — Imprimerie Pillet fils aîné, rue des Grands-Augustins, 5.

DICTÉES

EN TEXTE SUIVI

SUR

LES PARTICIPES

A L'USAGE

1° Des maisons d'Éducation;
2° Des personnes qui se préparent à l'examen du second
ordre (instruction primaire);

PAR

Th^{re} LEPETIT

PROFESSEUR A PARIS

L'instruction et l'éducation ne doivent
jamais être séparées.

PARIS

LAROUSSE ET BOYER, LIBRAIRES-ÉDITEURS

RUE SAINT-ANDRÉ-DES-ARTS, 49.

1865

LETTRE-PRÉFACE

A MESSIEURS LAROUSSE ET BOYER

Messieurs et chers Éditeurs,

Je vous envoie enfin le manuscrit de mes Dictées sur les Participes. Je regrette de vous avoir fait attendre si longtemps, mais j'ai voulu me conformer au précepte de Boileau :

Vingt fois sur le métier remettez votre ouvrage,
Polissez-le sans cesse et le repolissez.

J'ai, en conséquence, revu toutes mes Dictées

avec la plus scrupuleuse attention , retranchant, ajoutant, changeant, modifiant, toutes les fois que je l'ai cru nécessaire. J'ai, en un mot, fait tout mon possible pour que ce nouvel ouvrage ne laissât rien à désirer.

En jetant un coup d'œil sur la table des matières, vous pourrez remarquer que les sujets que nous avons choisis sont très-variés : nous avons tâché de joindre l'utile à l'agréable. Fidèle à l'épigraphe de notre cours, nous avons voulu que toutes nos Dictées pussent contribuer à développer l'esprit et à former le cœur; c'est vous dire que nous avons, selon notre habitude, puisé aux meilleures sources.

Notre volume se termine par une RÉCAPITULATION où sont groupées toutes les difficultés que présente l'orthographe des participes; le style de ces derniers exercices est assez élevé : les maîtres en profiteront pour faire à leurs élèves une foule de questions qu'un texte plus simple ne saurait leur fournir.

Nous espérons, messieurs, que ce nouvel ouvrage aura le même succès que ses aînés, et que l'auteur n'aura pas à regretter les heures qu'il lui a coûtées.

Recevez, je vous prie,

Messieurs,

l'assurance de ma considération distinguée,

THÉODORE ·LEPETIT.

PREMIÈRE PARTIE

DICTÉES

SUR

LE PARTICIPE PRÉSENT

I

LES ÎLOTS FLOTTANTS.

A cinq kilomètres et demi environ de Saint-Omer s'étendait autrefois un vaste marais; une partie de ce marais aux eaux *croupissantes* a été desséchée, et maintenant une multitude de canaux *communiquant* entre eux forment une sorte de labyrinthe aquatique, dans lequel s'élèvent une quantité considérable d'îles, transformées en autant de champs et de jardins fertiles, *abondant* en productions de toutes sortes. Dans ce vaste marais se voyait jadis une douzaine d'îlots *flottants,* couverts d'arbres, d'arbustes et de plantes *grimpantes;* un grand nombre de personnes s'y embarquaient pour faire des parties de plaisir; la plupart de ces îlots, *cédant* à toutes les impulsions qu'on leur donnait, portaient dans toutes les directions de ce vaste étang la société qui s'était confiée à leur sol mobile. Quelquefois même on y mettait des troupeaux *bélants,* et les prés *flottants* les emportaient au milieu des eaux. La plupart de ces îlots avaient de soixante-dix à quatre-vingts mètres de superficie, et deux mètres et demi environ d'épaisseur ; lorsqu'ils étaient trop chargés, ils s'enfonçaient, mais ils remontaient aussitôt qu'on les avait allégés. La plus grande partie de ces îlots ne subsistent plus ; mais les îlots *existants* présentent toujours les mêmes singularités. Tous les ans, dans la belle saison, une foule d'habitants de Saint-Omer s'empressent de les visiter. Alors les îles *flottantes* sont le théâtre d'une fête *charmante*, et chacune d'elles porte une société joyeuse.

II

L'OCÉANIE.

Embarquez-vous à Lima : vos yeux, *errant* sur l'abîme, ne verront que le ciel et la mer jusqu'à deux mille quatre cents kilomètres des côtes du Pérou ; mais bientôt paraissent de nombreux attolons ou groupes de petits îlots *riants*, formés probablement depuis peu de siècles, et s'*élevant* à peine au-dessus des ondes ; d'autres, plus anciens, percent les nuages de leurs têtes de granit. Ici, des ruisseaux, *bondissant* de colline en colline, se perdent sur une côte basse qu'ombragent de nombreux mangliers ; là, le noir basalte s'élève hardiment en colonnes prismatiques, que les flots *mugissants* inondent de leur blanche écume. Tantôt un volcan furieux menace de réduire en poudre la contrée que la lave a produite et fertilisée ; tantôt des bosquets odorants, égayés par le ramage d'oiseaux *charmants,* embellis par le succulent bananier et le suave jasmin, embaument l'atmosphère rafraîchie par les brises des monts *environnants.* Continuez votre navigation au travers de cet immense labyrinthe d'îles, vous rencontrerez vers le milieu de votre course un troisième continent, presque aussi grand que l'Europe ; vous verrez la Nouvelle-Hollande *s'élevant* comme une reine au milieu de son cortége.

III

VOYAGES DES OISEAUX.

Portons nos regards sur la totalité du globe, et contemplons le magnifique spectacle que produisent ces immenses colonnes d'oiseaux, auxquels les changements constants de saison donnent le signal du départ et celui de l'arrivée. Considérons ces longues bandes animées par tant de ressorts, émaillées de tant de couleurs, *brillantes* de tant de feux, se *balançant* le long des méridiens, *s'avançant* ou *s'éloignant* avec l'astre de la lumière, *asservissant* sans cesse leurs mouvements immenses et réguliers au soleil qui les colore ; *variant,* pour ainsi dire, leurs dimensions avec les largeurs des grandes îles et des continents au-dessus desquels elles se meuvent ; *serrant* leurs rangs, se *rétrécissant* en *cinglant* vers les pôles ; *s'écartant,* au contraire, et *s'étendant* au loin en *s'approchant* de l'équateur ; se *tenant* toujours à une plus grande dis-

tance des zones glaciales au-dessus du nouveau continent, beaucoup plus froid que l'ancien ; ne *tendant* jamais autant vers le pôle antarctique que vers le pôle
boréal, dont l'hémisphère présente moins de mers, de
neiges durcies et de montagnes de glaces ; constamment
entraînées, quelques grands efforts qu'elles fassent, par
le courant de l'atmosphère qui va de l'orient au couchant; forcées par cette action perturbatrice, énergique
et régulière, de fléchir leur direction vers l'occident de
la terre, lorsqu'elles volent vers la ligne équinoxiale,
ne montrent-elles pas à l'œil attentif du philosophe le
vaste et fidèle tableau des forces les plus remarquables
et les plus irrésistibles de la nature.

———

IV

LA GROTTE DE CALYPSO.

1.

Elle était taillée dans le roc, en voûte pleine de co-
quillages *pendants* et de rocailles rares et *différant* toutes
entre elles ; les objets qu'on y voyait n'étaient point
revêtus d'une couche *éblouissante* d'or ou d'argent; on
n'y trouvait ni colonnes, ni statues, ni tableaux *parlants;* mais elle était tapissée d'une jeune vigne dont
les rameaux *grimpants* s'étendaient de tous les côtés;
les zéphyrs *caressants* conservaient en ce lieu, malgré
les rayons *brûlants* du soleil, une délicieuse fraîcheur;
des fontaines coulaient, en *murmurant* doucement, sur
des prés émaillés d'amarantes et de violettes, et for-

maient en différents endroits des bains *rafraichissants* aussi purs et aussi clairs que le cristal ; mille fleurs odorantes émaillaient les tapis *verdoyants* dont la grotte était environnée. Là se voyait un de ces bois qui portent des pommes d'or, et dont la fleur, se *renouvelant* dans toutes les saisons, répand le plus *enivrant* de tous les parfums ; ce bois semblait couronner les prairies *environnantes*, et formait une nuit que les rayons du soleil ne pouvaient percer. Là, on n'entendait jamais que la voix d'une multitude d'oiseaux *chantants*, ou le bruit des eaux qui, *précipitant* du haut des rochers leurs eaux *bouillonnantes*, et toujours *écumantes*, s'enfuyaient à travers la prairie.

2.

La grotte de la déesse était située sur le penchant d'une colline *riante*. De là on découvrait la mer quelquefois *traînant* lentement ses eaux presque *dormantes*, quelquefois *élevant* ses vagues comme des montagnes *retentissantes* et les *brisant* contre les rochers du rivage. D'un autre côté, on voyait une rivière *formant* des îles bordées de tilleuls toujours *fleurissants*, et de hauts peupliers *portant* leurs têtes *menaçantes* jusque dans les nues. Les divers canaux, en *formant* ces îles, semblaient se jouer dans la campagne couverte de troupeaux *bondissants*. La plupart de ces canaux, *revenant* sur leurs pas en *décrivant* de longs détours, semblaient quitter à regret ces bords délicieux. On apercevait au loin des collines et des montagnes qui, en se *perdant* dans les nues, formaient par leur figure bizarre un horizon à souhait pour le plaisir des yeux. Ces montagnes étaient couvertes de feuilles de vigne *pendant* en festons; les grappes, plus *éclatantes* que la pourpre, ne pouvaient se cacher sous le poids des raisins *pendants*. Le figuier, l'olivier, le grenadier et beaucoup d'autres arbres couvraient les champs *environnants*, et en faisaient un grand et magnifique jardin.

V

L'INGRAT PUNI PAR SES REMORDS.

1.

La nuit la plus sombre, *succédant* à une froide et orageuse journée d'hiver, avait enveloppé la terre. On entendait les vents *mugissant* à travers les forêts dépouillées; et la neige, *tombant* depuis plusieurs heures en tourbillons glacés, avait fait disparaître la trace des sentiers que suivent les pâtres en *revenant* des champs. Faible et *souffrant, pouvant* à peine se soutenir sur ses jambes *chancelantes*, un vieillard errait au milieu des ténèbres, *cherchant* un asile où il pût réchauffer ses membres *grelottants* et à peine couverts de vêtements *tombant* en lambeaux. La nuit l'avait surpris au milieu de la campagne recouverte d'une couche *éblouissante* de neige, et il se traînait avec effort, les frimas *rendant* les chemins *glissants*. La vue *réjouissante* d'une lumière *brillant* dans le lointain soutenait son espoir et ses forces *défaillantes;* là sans doute était une habitation. Il ne s'était pas trompé. Après une lutte pénible contre la tempête *mugissant* autour de lui, il arriva épuisé, *mourant*, à la grille d'un superbe château.

2.

La fortune n'avait pas toujours caressé de son aile *changeante* le maître de cette demeure *brillante*. Né sous le chaume, cet homme avait disparu, *quittant* le foyer paternel dès son jeune âge; et, après avoir promené ses pas *errants* dans les différentes parties de l'univers, il s'était fixé dans ces lieux, y *cherchant* le bonheur qui lui avait échappé dans le cours de sa vie agitée. Son activité, sa constance, son économie, d'heureuses spéculations *aidant*, le hasard peut-être, lui avaient procuré d'immenses richesses. Mais, en *accumulant* les trésors, il avait acquis l'insensibilité *glaçante* des parvenus; son cœur s'était fermé aux émotions *enivrantes* de la tendresse filiale, et depuis longtemps il avait oublié son village et son vieux père; ou si cette pensée, ordinairement si *consolante*, se retraçait à son souvenir, il la repoussait, la *considérant* comme une image importune, et il vivait au sein de son palais s'*entourant* de serviles adorateurs et *passant* ses jours au milieu des fêtes et dans les plaisirs *étourdissants* des festins. Que lui importaient les fureurs de la tempête *grondant* au dehors? il la bravait au milieu d'ardents foyers *répandant* une chaleur bienfaisante dans tous ses appartements; et des fleurs, *naissant* pour lui au sein des hivers, lui créaient un printemps continuel. Que lui importait la misère *navrante* de tant de pauvres familles? il voyait toujours l'abondance ré-

gnant à sa table, et de nombreux convives en *savourant* avec lui les délices.

3.

Sur le point de frapper à cette porte, le vieillard hésite, car il entend les éclats *bruyants* d'une joie *assourdissante...* Hélas! l'aspect de sa misère n'importunera-t-il pas ces hommes *nageant* dans les plaisirs? Les heureux du siècle n'aiment pas l'image *attendrissante* du malheur... Mais il a besoin qu'un prompt secours vienne réparer ses forces *défaillantes*; s'il diffère, il va périr; il frappe d'une main *tremblante* : la porte s'ouvre, et un valet, *étalant* ses vêtements tout *resplendissants* de galons dorés, s'avance vers lui ; « Un morceau de pain et un asile, s'il vous plaît, dit le vieillard d'une voix *gémissante.* » A la vue de ces haillons, l'insolent valet, qui a adopté la dureté et l'égoïsme *révoltants* de son maître, le repousse brusquement, et la porte se referme. « Hélas! s'écrie l'infortuné avec les accents *navrants* d'une douleur *poignante*, n'a-t-il donc pas vu ma misère *accablante* et mes cheveux blancs? Puis il se couche en *gémissant* sur le seuil de cette porte, où il cherche un abri contre l'haleine *glaçante* des vents.

4.

Là, il entend la mélodie *ravissante* des instruments, et les chants d'allégresse ; le plaisir et l'abondance règnent dans cette enceinte, et lui va mourir sous le poids *écrasant* de la douleur et du besoin ! Mais il sent que le terme de ses souffrances *accablantes* approche.

Déjà ses idées se confondent; le son des instruments au dedans du château, et les sifflements de l'aquilon dans les arbres *environnants*, n'arrivent plus que confusément à son oreille. Il s'efforce de reporter une fois encore ses souvenirs *mourants* sur son fils, qu'il n'a cessé de chérir, et sa voix *expirante* murmure une dernière bénédiction... Mais bientôt il ne peut plus saisir sa pensée fugitive, le sentiment va *s'éteignant*... L'infortuné a cessé de vivre.

Au point du jour, lorsque les conviés, *regorgeant* de plaisirs, quittèrent ces lieux, leurs pieds heurtèrent un cadavre entièrement recouvert par la neige qui avait tombé toute la nuit *durant*. Le maître du château est appelé; il examine ces traits défigurés par la mort, et un cri *perçant*... Le malheureux! il avait reconnu son père!

(*D'après* MAIGROT.)

DEUXIÈME PARTIE

DICTÉES

sur

LE PARTICIPE PASSÉ

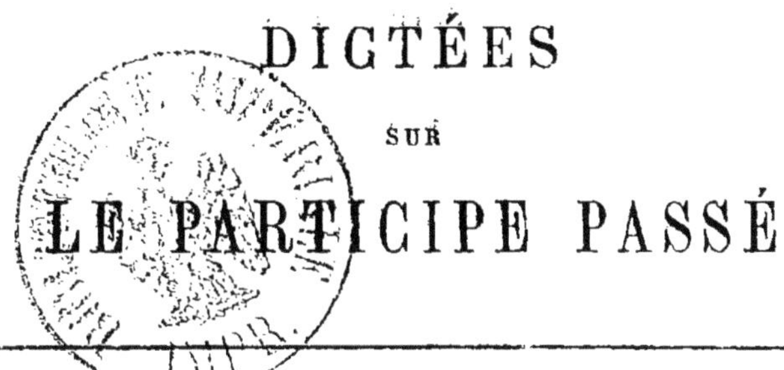

I

UNE BELLE SOIRÉE D'ÉTÉ.

Un soir, j'étais *assis* sous un vieux sapin dont les branches *étagées* descendaient jusque sur les tapis de mousse qui s'étendaient à mes pieds. J'étais *isolé* sur le sommet d'une colline, à cette heure où les splendeurs du jour ne sont pas encore *effacées*, et où les merveilles des nuits ne se sont pas encore *laissé* voir. J'entendais au loin les ruisseaux murmurants qui couraient dans la prairie ; j'écoutais les oiseaux chantants qui gazouillaient encore, et l'alouette qui, du haut des airs, laissait tomber des notes que je n'avais jamais *trouvées* si pures ni si harmonieuses. Le parfum de la vallée, *apporté* par une brise légère, me rappelait, par une mystérieuse influence, des scènes de ma vie qui s'étaient presque *effacées* de ma mémoire, ou semblait me bercer des rêves et des illusions de l'avenir ; et comme dans toutes mes pensées le présent était *oublié*, que m'importaient alors tous les bruits de la terre? La solitude s'était *emparée* de mon âme, palais et chaumières avaient *disparu* du paysage; la verdure elle-même, si fraîche peu de temps auparavant, si vivement *colorée* par les feux mourants du soleil, se confondait avec l'ombre, puis disparaissait dans les ténèbres. Le ciel s'illuminait alors de tous les soleils lointains que la main du Créateur a *semés* dans l'espace; vous les eussiez *vus* apparaître par ordre de grandeur et d'éclat; et, bientôt après, la voûte céleste, que j'apercevais à travers les rameaux oscillants des arbres, n'était plus qu'un voile noir que parsemaient une quantité innombrable d'étoiles scintillantes. Que devient l'homme devant la majesté d'un tel spectacle, devant toute la magnificence des cieux? Son esprit s'égare, et son intelligence, un instant *dégagée* des liens qui la tenaient captive, s'élance dans l'immensité jusqu'au pied du trône où règne l'Eternel. C'est la prière du soir. Heureux celui dont la vie paisible passe ainsi du calme à la contemplation, et de la prière au sommeil!

II

FORMATION DES SOCIÉTÉS.

Les premières sociétés se sont *formées* après le déluge; les mœurs se sont *polies*, et les empires se sont *fondés*. Le genre humain est *sorti* peu à peu de l'ignorance, l'expérience l'a *instruit*, et les arts ont été *inventés* ou *perfectionnés*. A mesure que les hommes se sont *multipliés*, la terre s'est *peuplée* de proche en proche; on a *franchi* les montagnes et les précipices, on a *traversé* les fleuves et enfin les mers, et l'on a *établi* de nouvelles habitations. La terre, qui n'était au commencement qu'une forêt immense, a *pris* une tout autre forme; les bois *abattus* ont *fait* place aux champs, aux pâturages, aux hameaux, aux bourgades, et enfin aux villes. On s'est *instruit* à prendre certains animaux, à apprivoiser les autres et à les accoutumer au service. On a *eu* d'abord à combattre les bêtes féroces. Les premiers héros se sont *signalés* dans ces guerres. Elles ont *fait* inventer les armes, que les hommes ont *tournées* ensuite contre leurs semblables. Avec les animaux, l'homme a *su* encore adoucir les fruits et les plantes; il a *plié* à son usage jusqu'aux métaux, et peu à peu il y a *fait* servir la nature tout entière.

III

ORIGINE DU DESSIN, DE LA SCULPTURE ET DE LA PEINTURE.

Le dessin doit son origine au hasard, la sculpture à la religion; quant à la peinture, elle la doit aux progrès qu'avaient *faits* les autres arts. Dès les plus anciens temps, des personnes se sont *avisées* de suivre et de circonscrire sur le terrain ou sur un mur le contour de l'ombre projetée par un corps qu'éclairait le soleil ou toute autre lumière; on a *appris*, en conséquence, à indiquer la forme des objets par de simples linéaments. Dès les plus anciens temps encore, la ferveur religieuse du peuple ayant *diminué*, on s'est *efforcé* de la ranimer en mettant sous ses yeux le symbole ou l'image de son culte. On a *exposé* d'abord à sa vénération un tronc d'arbre brut ou une pierre toute grossière, tout informe ; bientôt on a *pris* le parti d'en arrondir l'extrémité supérieure en forme de tête ; enfin, on y a *creusé* des lignes ; ainsi se sont *trouvés figurés* des pieds et des mains. Tel était l'état de la sculpture chez les Égyptiens ; ils l'ont *transmise* aux Grecs qui l'ont *perfectionnée*. Les Grecs et les Égyptiens se sont *disputé* l'invention de la peinture ; si vous voulez que nous conciliions ces prétentions, nous distinguerons deux sortes de peintures : celle qui se contentait de rehausser un dessin par des couleurs uniformes, et celle qui, après de longs efforts, est *parvenue* à rendre fidèlement la nature. Les Égyptiens ont *découvert* la première ; mais c'est aux Grecs qu'est *due* la seconde. C'est vers le temps de la bataille de Marathon que la peinture et la sculpture sont *sorties* de leur longue enfance, et des progrès rapides les ont *amenées* au point de grandeur et de beauté où on les a *vues* au temps de Périclès.

IV

JÉRUSALEM.

Vue de la montagne des Oliviers, de l'autre côté de la vallée de Josaphat, Jérusalem présente un plan *incliné* vers le levant. Une muraille *crénelée*, que fortifient encore des tours, enceint la ville tout entière, laissant toutefois au dehors une partie de la montagne de Sion, qu'elle embrassait jadis. Dans la région du couchant, et au centre de la ville, vers le Calvaire, les maisons qu'ont récemment *élevées* les habitants, se serrent d'assez près ; mais, au levant, le long de la vallée du Cédron, on n'aperçoit que des espaces vides, entre autres l'enceinte qui règne autour de la mosquée que les Turcs ont *bâtie* sur les débris du Temple, et le terrain presque *abandonné* où s'élevaient le château Antonia et le second palais d'Hérode. Entrez dans la ville, rien ne vous consolera de la tristesse que vous aura *causée* l'extérieur ; vous vous égarerez dans un labyrinthe de petites rues non *pavées*, dont la plupart montent et descendent sur un sol inégal, et vous marcherez dans des flots de poussière ou parmi des cailloux roulants. Des toiles *jetées* d'une maison à l'autre augmentent encore l'obscurité ; des bazars *voûtés* et infects achèvent d'ôter le peu de lumière qu'avait *conservée* la ville *désolée* ; quelques chétives boutiques n'étalent aux yeux que leur misère. Personne dans les rues, personne aux portes de la ville ; quelquefois seulement un paysan se glisse dans l'ombre, cachant sous son habit les fruits de son labeur. Dans un coin, à l'écart, le boucher arabe égorge quelque bête qu'il a *suspendue* par les pieds à un vieux mur en ruine : à l'air hagard et féroce de cet homme, à ses bras nus et *ensanglantés*, vous croiriez qu'il vient plutôt de tuer son semblable que d'immoler un agneau.

V

LA VÉRITABLE GRANDEUR D'UN ROI.

Un roi qui n'a *cherché* sa gloire que dans le bonheur de ses sujets, qui a *préféré* la paix et la tranquillité à des victoires sanglantes, qui a *cru* que ses trésors les plus précieux étaient les cœurs de ses sujets ; un prince qui, par la sagesse de ses lois et de ses exemples, a *banni* les désordres de son État, *corrigé* les abus, *conservé* la bienséance des mœurs publiques, *maintenu* chacun à sa place, *réprimé* le luxe et la licence qui s'étaient *glissés* dans la nation ; *rendu* au culte et à la religion de ses pères l'autorité, l'éclat, la majesté qui en perpétuent le respect ; *maintenu* le dépôt sacré de la foi contre toutes les entreprises qu'ont *tentées* des esprits indociles et inquiets ; qui a *regardé* ses sujets comme ses enfants, chaque famille comme une famille que Dieu lui a *donnée* à conduire, et qui n'a *usé* de sa puissance que pour la félicité de ceux qui la lui avaient *confiée* : un prince de ce caractère sera véritablement grand. Les pères raconteront à leurs enfants le bonheur qu'ils ont *eu* de vivre sous un si bon maître ; ceux-ci le rediront à leurs neveux et à leurs arrière-neveux ; et, dans chaque famille, ce souvenir, *conservé* d'âge en âge, deviendra comme un monument domestique qui perpétuera la mémoire d'un si bon roi dans tous les siècles ; car ce n'est ni une statue, ni une inscription qui immortalisent un souverain : ce qui n'est *écrit* que sur le marbre ou sur l'airain est bientôt *effacé* ; mais ce qui est *écrit* dans les cœurs demeure toujours.

VI

LES PEAUX-ROUGES DE L'AMÉRIQUE SEPTENTRIONALE.

Parmi les tribus des Peaux-Rouges, les hommes se sont *réservé* les raffinements de la parure, les plaisirs de la coquetterie. Les femmes, en général, sont à peu près constamment *vêtues* de la même façon; mais les hommes, dans les jours de parade, sont vraiment prodigieux, et je les ai *vus* un jour de parade. Les uns avaient *lié* à leur chevelure de longues plumes d'oiseaux, d'autres s'étaient *revêtus* d'une peau d'animal dont le mufle leur cachait le visage, dont les pattes retombaient sur leur poitrine, et ils s'enorgueillissaient de ressembler ainsi à un ours, à un loup, à un buffle. Mais c'était surtout par l'emploi des couleurs, extraites de diverses plantes, qu'ils s'étaient *efforcés* de se signaler. Les uns, pour se donner une agréable physionomie, s'étaient *peint* les joues en vert ou en orangé; d'autres, pour se donner un air terrible, s'étaient *plaqué* la figure d'une couche de vermillon. Il y en avait qui ne s'étaient point *contentés* d'une nuance uniforme, et dont le visage ressemblait à la palette sur laquelle les peintres déposent, l'une à côté de l'autre, les teintes les plus variées; sur leur front brillaient des lignes bleues, sur leur nez des points noirs, sur leurs joues des cercles d'ocre, sur leur menton des carrés ou des losanges de pourpre. J'en ai *remarqué* qui, avec leur pinceau, s'étaient *tatoués* comme les sauvages de la Nouvelle-Zélande; qui s'étaient *dessiné*, le long des lèvres, sur les narines, et principalement autour des yeux, des arabesques fantastiques, tout *imprégnées* de différentes couleurs. C'étaient les lions de la tribu, qui, par leur suprême élégance, s'étaient *imaginé* attirer tous les regards. Pour se peindre plus nettement la face, ils s'étaient *arraché* tous les poils de la barbe. Pour se faire beau, il faut bien se résigner à quelque souffrance; et ceux qui s'étaient ainsi *marqueté* la figure avaient la joie de se croire très-beaux. Lorsqu'ils arrivent à un âge plus avancé, ils renoncent, comme des philosophes, à ces vanités de leur jeunesse, et laissent croître leur barbe.

———

VII

UNE TROMBE EN MER.

Nous étions à trois cents kilomètres environ de Saint-Domingue; le temps était beau, la voûte du ciel était d'un bleu d'azur; au couchant, l'horizon *enflammé* par le soleil, qui descendait majestueusement dans la mer, avait l'aspect d'un vaste incendie, quand tout à coup de grosses lames toutes blanches, tout écumeuses, et que les rayons *enflammés* du soleil rendaient éblouissantes, vinrent frapper la proue de notre embarcation, que vous eussiez *vue* nager au milieu des flots d'écume. Cependant le bouillonnement de l'eau, s'étendant d'une manière circulaire, avait déjà *atteint* trois cents mètres environ; on eût *dit*, à voir ce roulement des ondes, que la mer était *agitée* par quelque convulsion intérieure. Bientôt l'eau s'était *élevée* comme une petite colline et avait *marché* devant nous, se gonflant à mesure qu'elle avançait. Du milieu de cette colline liquide, était *née*, avait *surgi*, s'était *élevée* une colonne qui montait en tourbillonnant et en sifflant jusqu'aux nuages... c'était une trombe. Je voyais pour la première fois ce phénomène qui, dans les descriptions *exagérées* que j'en avais *lues*, m'avait été *dépeint* comme très-dangereux. Je m'étais *fait* de cet accident de mer une idée des plus terribles : il me semblait que nous allions bientôt être *engloutis* sous cette masse d'eau ; mais l'expression calme des visages me rassura ; toutes les précautions des matelots se bornaient à manœuvrer pour éviter la rencontre de la trombe. Bientôt un coup de canon partit de notre navire et retentit au-dessus de l'abîme. La colonne, *coupée* par sa base, trembla, chancela un instant, puis tomba tout à coup, semblable à une immense avalanche. Quelques secondes après, l'Océan ne laissait plus aucune trace de ce phénomène extraordinaire.

VIII

LES FEUILLES.

Le mois de mai est à peine *commencé*, et déjà les feuilles innombrables sont *sorties* des bourgeons ; la terre a *disparu* sous cette riante parure, et les formes les plus variées, les découpures les plus délicates, se sont *dessinées* sur le bleu du ciel ou sur le cristal des eaux. Cueillez au hasard une de ces feuilles, et vous serez *étonné* des variétés du gracieux réseau qui en forme la charpente. Vous verrez des nervures pennées comme les barbes d'une plume, palmées comme les doigts de la main, ou bien *disposées* en éventails, en rubans, en conques même. Mais la Providence ne s'est pas *contentée* de donner aux feuilles toutes les nuances du vert, quelque nombreuses qu'elles soient, elle a *voulu* ajouter à ces organes aériens les coloris les plus vifs et les plus remarquables. Que de grâce dans ces feuilles légères des bois, quand, *suspendues* sur un support *aplati*, elles obéissent en bruissant à la moindre impulsion que lui ont *donnée* les vents! Quel contraste entre ces feuilles vert-tendre, si mollement agitées, et ces feuilles d'automne qui cèdent à la tempête et jonchent le sol de leurs débris! La feuille, comme la vie, nous offre les phases d'une existence tout *agitée*. Elle a sa jeunesse et ses folles joies; elle a ses jours d'orgueil où la fauvette chante sa fraîcheur, puis elle prend la livrée du deuil des bois, et cède pour toujours au temps, qui l'a bientôt *entraînée* et *anéantie!*

IX

ORIGINE DE LA CHEVALERIE.

L'origine de la chevalerie, en laquelle se résument tout le caractère et toute la poésie du moyen âge, est aisée à découvrir. Les Francs avaient l'habitude, comme vous l'avez sans doute *remarqué*, de ceindre l'épée à leurs enfants au milieu de la famille solennellement *convoquée*, et avec des cérémonies que nous ont *retracées* les chroniqueurs contemporains, et dont l'objet était de célébrer l'avénement de l'adolescent à une vie civile, militaire, morale et politique. Nos premiers rois appelaient de même autour d'eux les guerriers qu'avait *ennoblis* leur valeur, et leur donnaient l'accolade, après les avoir *investis* de dignités et de prérogatives pour récompenser leur dévouement. A la fin de la seconde race, un grand nombre de seigneurs s'étant *fait* d'inexpugnables repaires des châteaux qu'ils avaient d'abord *opposés* aux courses des Normands, rançonnaient les voyageurs, enlevaient les femmes, et tyrannisaient leurs vassaux, lorsque de généreux citoyens s'armèrent pour rétablir l'ordre et punir le brigandage de quelques châtelains pervers. Ce dévouement volontaire, auquel l'esprit aventurier des Croisades vint ajouter un nouveau degré d'énergie, semblait donc indiquer depuis longtemps à l'admiration et à la reconnaissance publiques une classe d'hommes que la bravoure, plus encore que tous les priviléges, avait *rendus* supérieurs aux autres; et comme c'était un des nobles priviléges que s'étaient *arrogés* ces protecteurs de la société, de ne combattre qu'à cheval, on les nomma *chevaliers*. La religion trouvant en eux les défenseurs de la foi, les appuis du faible et du pauvre, considéra les chevaliers comme une milice sacrée, comme un sacerdoce belliqueux, digne de la faveur et de la bénédiction célestes. Dès lors, l'Église rendit plus auguste et plus mémorable cette héroïque institution, en interposant sa pompe et ses mystères dans la réception des chevaliers. Telle est l'origine de la chevalerie, cet ordre religieux et militaire auquel aspirèrent les rois mêmes.

X

ALEXANDRE ET DIOGÈNE.

Un jour, Alexandre, passant par Corinthe, eut la curiosité de voir Diogène, qui y était pour lors; il le trouva *assis* au soleil et raccommodant son tonneau avec un peu de glu qu'il s'était *procurée* je ne sais où : « Je suis le grand roi Alexandre, lui dit-il. — Et moi, je suis ce chien de Diogène, répondit le soi-disant philosophe. — Ne me crains-tu point? continua Alexandre avec bonté. — Es-tu bon ou mauvais? reprit Diogène. — Je suis bon, répartit Alexandre. — Hé! qui est-ce qui craint ce qui est bon? reprit Diogène. » Alexandre admira la subtilité d'esprit et les manières libres qu'avait *montrées* le cynique. Après s'être *entretenu* quelques instants avec lui, Alexandre lui dit : « Je vois bien que tu manques de beaucoup de choses que tu as *dû* désirer plus d'une fois, Diogène; souffre donc que je te secoure, demande-moi tout ce que tu voudras. — Eh bien! retire-toi un peu de côté, répondit Diogène, tu m'empêches de jouir du soleil. » Alexandre demeura fort *surpris* de voir un homme au-dessus de toutes les choses humaines. « Lequel est le plus riche, continua Diogène, de celui qui se contente de son manteau et de sa besace, ou de celui à qui un royaume entier ne suffit pas, et qui s'expose tous les jours à mille et un dangers afin d'en reculer les limites? » Alexandre se retira *surpris* et *émerveillé* tout à la fois en disant : « Si je n'étais Alexandre, je voudrais être Diogène. »

XI

CIVILISATION A L'ÉPOQUE DE FRANÇOIS Ier.

Lorsque François Ier monta sur le trône, Christophe Colomb avait *découvert* l'Amérique, les Turcs s'étaient *emparés* de Constantinople, et toutes ces choses commençaient à agir, en étendant le domaine de l'homme physique et moral. L'imprimerie semblait en même temps avoir été *trouvée* tout exprès pour multiplier et répandre les trésors qu'avaient *apportés* dans l'Occident les Grecs *chassés* de leur patrie. Charles VIII et Louis XII avaient *rapporté* de leurs expéditions transalpines ce goût des élégances de la vie, *perdu* depuis longtemps. Tout changea donc en France ; les vêtements mêmes s'altérèrent. La langue naissante fut *écrite* avec finesse, esprit et naïveté par la sœur de François Ier, la reine de Navarre ; par François Ier lui-même, qui faisait des vers aussi bien que Marot ; par Rabelais, Amyot, les deux Marot et les auteurs de Mémoires. L'étude des classiques, celle des lois romaines, l'érudition générale furent *poussées* avec ardeur ; les arts acquirent une perfection qu'ils n'ont jamais *surpassée* depuis en France. La peinture, éclatante en Italie, fut *transplantée* dans nos châteaux ; Anne de Montmorency ornait Écouen de chefs-d'œuvre ; le Primatice embellissait Fontainebleau : François Ier, qui se faisait armer chevalier comme au temps de Richard Cœur-de-Lion, assistait à la mort de Léonard de Vinci, et recevait le dernier soupir de ce grand peintre.

XII

UNE MERE A SA FILLE (LETTRE).

Ma chère fille,

Je n'en ai *reçu* que trois de ces aimables lettres qui me pénètrent le cœur; il y en a une d'*égarée;* mais si ce n'est que je n'aime point à perdre ce qui me vient de vous, je croirais n'avoir rien *perdu.* En effet, je trouve qu'on ne peut rien souhaiter qui ne soit dans celles que j'ai *reçues.* Elles sont très-bien *écrites;* et, de plus, d'une tendresse et d'un naturel tels qu'il est impossible qu'on ne les croie pas; elles ont ce cachet de vérité qui convainc toujours. Voilà, ma fille, comme vos lettres m'ont *paru;* jugez quelles émotions elles m'ont *causées,* quelle sorte de larmes j'ai *répandues* en les recevant. Si mes paroles ont la même puissance que les vôtres, je n'ai plus rien à souhaiter. Quant à moi, il me semble maintenant qu'on m'a *dépouillée* de tout ce qui me rendait aimable; je n'ose plus voir le monde; et, quoi qu'on ait *fait* pour m'y remettre, j'ai *passé* tous ces jours-ci comme un loup-garou, ne pouvant autrement : peu de gens sont dignes de comprendre ce que je sens; j'ai *cherché* ceux qui sont de ce petit nombre; quant aux autres, je les ai *évités.*

XIII

LES MONUMENTS DE LA THÉBAÏDE (ÉGYPTE).

Les ouvrages des Égyptiens étaient *faits* pour tenir ferme contre le temps. Leurs statues étaient des colosses ; leurs colonnes étaient immenses. L'Égypte visait au grand, et voulait frapper les yeux de loin, mais toujours en les contentant par la justesse des proportions. On a *découvert* dans la Thébaïde des temples et des palais dont les restes semblent n'avoir *subsisté* que pour effacer la gloire de tous les plus grands ouvrages. Quatre allées à perte de vue, et *bornées* de part et d'autre par des sphinx d'une matière aussi rare que leur grandeur est remarquable, servent d'avenues à quatre portiques, dont la hauteur, plus encore que la largeur, étonne les yeux. Quelle magnificence et quelle étendue ! Encore ceux qui nous ont *décrit* ce prodigieux édifice n'ont-ils pas *eu* le temps d'en faire le tour, et ne sont pas même sûrs d'en avoir *vu* la moitié ; mais toutes les choses qu'ils y ont *vues* étaient des merveilles. Une salle, qui apparemment faisait le milieu de ce superbe palais, était *soutenue* par six-vingts colonnes d'une hauteur et d'une grosseur extraordinaires, et *entremélées* d'obélisques que tant de siècles n'ont pas *abattus*. Les couleurs mêmes, c'est-à-dire ce qui éprouve le plus tôt le pouvoir du temps, se sont *soutenues* jusqu'à nos jours parmi les ruines de cet admirable édifice, et y ont *conservé* leur vivacité, tant l'Égypte savait imprimer le sceau de l'immortalité à tous ses ouvrages !

XIV

CHARLEMAGNE.

Charlemagne, un des plus grands hommes qu'ait *produits* le moyen âge, ne s'est pas *rendu* fameux seulement par les guerres qu'il a *entreprises*, par les victoires qu'il a *remportées*, par la prudence qu'il a *montrée* dans toutes les circonstances les plus difficiles ; il s'est encore *illustré* par les lois qu'il a *données* à ses peuples, et par la protection qu'il a *accordée* aux lettres. Les écoles qu'il a *fondées* ont *rendu* les plus éminents services et ont *contribué* à dissiper les noires ténèbres de l'ignorance, qui s'étaient *étendues* sur l'Europe tout entière et l'avaient *plongée* dans une barbarie profonde pendant plus de quatre siècles et demi. L'histoire nous a *conservé* les noms des savants qu'il a *attirés* à sa cour et qu'il a *comblés* de richesses et d'honneurs. Qui ne connaît les Eginhard et les Alcuin, qu'il a *su* gagner par ses libéralités?

Il a *établi* une école jusque dans son palais, et luimême a *donné* des leçons auxquelles ses propres enfants étaient *obligés* ou plutôt se faisaient un devoir d'assister. Voici un curieux échantillon des questions qui étaient *posées* et *résolues* dans ces sortes de réunions instructives

Qu'est-ce que l'hiver? — L'exil de l'été.

Qu'est-ce que le printemps? — Le peintre de la terre.

Qu'est-ce que l'été? — La puissance qui revêt la terre et mûrit les fruits.

Qu'est-ce que l'automne? — Le grenier de l'année.

XV

LES ÉGLISES GOTHIQUES.

Les forêts sont les premiers temples que la Divinité se soit *vu* élever, et les hommes ont *pris* dans les forêts la première idée de l'architecture. Ces voûtes qu'ils ont *ciselées* en feuillages, ces jambages dont ils se sont *avisés* d'étayer les murs, et qui finissent comme des troncs que la foudre ou l'ouragan aurait *brisés*, la fraîcheur des voûtes, les ténèbres du sanctuaire, les ailes obscures, le réseau de passages secrets, les portes *abaissées*, tout retrace les labyrinthes des bois dans l'église gothique, tout en fait sentir la religieuse horreur, les mystères et la divinité. Les deux hautes tours *plantées* à l'entrée de l'édifice surmontent les ormes et les ifs du cimetière, et font un effet pittoresque sur l'azur du ciel. Tantôt le jour naissant illumine leurs têtes jumelles ; tantôt elles paraissent *couronnées* d'un chapiteau de nuages ou *grossies* dans une atmosphère vaporeuse. Les oiseaux mêmes s'y sont *laissé* prendre et les ont *adoptées* pour les arbres de leurs forêts : des corneilles sont *venues* voltiger autour de leurs faîtes, et se sont *perchées* sur leurs galeries. Mais tout à coup des rumeurs confuses se sont *échappées* de la cime de ces tours, et en ont *chassé* les oiseaux tout *effrayés*. L'architecte chrétien, non content d'avoir *bâti* des forêts, a *voulu*, pour ainsi dire, en imiter les murmures, quelques grandes difficultés qu'il eût à vaincre ; et, au moyen de l'orgue sacré et du bronze *suspendu*, il a *attaché* au temple gothique jusqu'au bruit des vents et des tonnerres qu'il avait *entendus* rouler dans la profondeur des bois ; et, tandis que l'airain se balance avec fracas sur votre tête, les souterrains *voûtés* de la mort se taisent profondément sous vos pieds.

XVI

UNE LECTURE A JÉRUSALEM.

Le soleil se couchait derrière Jérusalem ; il dorait de ses rayons mourants cet amas de ruines et les montagnes de la Judée. J'ai *renvoyé* par la porte Saint-Etienne les personnes qui s'étaient *proposé* de m'accompagner, et je n'ai *gardé* avec moi que le janissaire. Je me suis *assis* au pied du tombeau de Josaphat, le visage *tourné* vers le Temple ; j'ai *tiré* de ma poche un volume de Racine, et j'ai *relu* Athalie.

A ces premiers mots :

Oui, je viens dans son temple adorer l'Éternel.....

il m'est impossible de dire les émotions que j'ai *senties* se glisser en moi. J'ai *cru* entendre les hymnes sacrées de Salomon et la voix des prophètes ; l'antique Jérusalem s'est *levée* devant moi ; les ombres de Joad, d'Athalie et de Josabeth sont *sorties* du tombeau, comme si je les eusse *évoquées* ; il m'a *semblé* que je ne connaissais que depuis ce moment le génie de Racine. Quelle poésie ! puisque je l'ai *trouvée* digne du lieu ou j'étais ! Bien peu de personnes se sont *imaginé* ce qu'est Athalie *lue* sur le tombeau du saint roi Josaphat au bord du torrent de Cédron, et devant les ruines du Temple. Mais qu'est *devenue* cette demeure sainte, « *ornée* partout de festons magnifiques? »

> Comment en un plomb vil l'or pur s'est-il *changé?*
> Quel est dans ce lieu saint ce pontife *égorgé?*
> Pleure, Jérusalem, pleure, cité perfide,
> Des prophètes divins malheureuse homicide;
> De son amour pour toi ton Dieu s'est *dépouillé;*
> Ton encens à ses yeux est un encens *souillé.....*

La plume tombe des mains; on est honteux de barbouiller du papier, après qu'un homme a *écrit* de pareils vers.

<hr>

XVII

LA BOUSSOLE.

Quelle que soit l'importance de la boussole, qui a permis aux navigateurs de s'éloigner des côtes qu'ils avaient été *forcés* auparavant de longer timidement, les plus noires ténèbres en enveloppent l'invention. Quoi qu'il en soit, les premiers écrivains qui en ont *parlé* ont *vécu* vers douze cent; mais elle n'avait, dans ces temps grossiers, rien qui pût lui donner quelque ressemblance avec celle qu'ont *perfectionnée* le génie et l'expérience des temps modernes. Plusieurs nations se sont *disputé* l'honneur d'avoir *découvert* ce précieux instrument, mais nulle d'entre elles n'a *pu* baser les réclamations qu'elle a *faites,* ni apporter les preuves qu'on aurait *désirées.* Sans vouloir attenter aux prétentions de ces diverses nations, il est bon de savoir que les Français ont *connu* la boussole dès le neuvième siècle, et qu'ils s'en sont *servis* lors de la première croisade. Elle est *restée*, comme toute autre grande découverte, assez longtemps imparfaite. Ce n'est que vers quatorze cent que le Napolitain Flavio Gioia a *eu* la gloire d'apporter enfin à la boussole des perfectionnements tels, que la postérité reconnaissante lui a *attribué* tout l'honneur de cette importante découverte.

XVIII

DE L'INVENTION DES CLOCHES.

L'invention des cloches n'a pas de date certaine. Les historiens ont longtemps *débattu* entre eux pour savoir s'ils devaient l'attribuer à saint Paulin, qui vivait vers l'an cinq cent, ou au pape Sabinien, qui occupa, au septième siècle, la chaire de saint Pierre. Elles servirent alors, comme elles le font encore aujourd'hui, à appeler les fidèles à la prière. Avant l'invention des cloches, on employait au même usage des planches, dites sacrées, que vous eussiez *entendu* frapper à grands coups. Ce n'est que vers huit cent que s'introduisit dans l'Église la coutume de baptiser les cloches, coutume qu'on a toujours *laissée* subsister. En mil sept cent quatre-vingt-douze, un grand nombre d'églises se sont *vu* dépouiller de leurs cloches, qu'on a *employées* à faire des canons, afin de résister aux quatorze armées ennemies qui s'étaient *proposé* d'envahir la France. La plus grosse cloche qu'on ait jamais *fondue*, est celle qui existait dans une tour d'un couvent de Moscou : elle avait, dit-on, plus de quatorze mètres et demi de circonférence, et pesait quatre-vingt mille kilogrammes.

XIX

IMPORTANCE DE LA PHILOSOPHIE.

Interrogez les plus célèbres philosophes qu'il y ait *eu ;* consultez les Socrate, les Platon, les Descartes, les Malbranche : les réponses de ces grands hommes vous ouvriront un nouvel univers. Vous ne connaissiez que les besoins et les désirs des sens, ou ceux de l'imagination, ou les attraits d'une vaine curiosité ; ils vous ont *fait* connaître de nouveaux besoins, ils en ont même *créé* pour vous donner de nouveaux plaisirs ; ils se sont *retirés* au dedans d'eux-mêmes, et ils ont *découvert* un monde *rempli* de merveilles que l'œil avait vainement *essayé* d'apercevoir, mais dont les beautés ont mille fois plus de réalité que celles du monde visible. Ils ont *reconnu* que l'homme extérieur n'est pas tout l'homme, ni sa plus noble partie, quoi qu'en disent certains sceptiques. L'esprit a été *séparé* de la matière ; les ressorts *cachés* qui donnent le jeu à la pensée ont été *mis* au jour ; la raison, *observée* dans ses causes et dans ses effets, s'est *trouvée soumise* à des lois ; et alors, de connaissance en connaissance, elle s'est *élevée* jusqu'à un premier et unique régulateur, sans lequel l'ordre physique est impossible, et l'ordre moral une chimère.

Voilà quelques-unes des vérités que la philosophie a

révélées au genre humain. Sont-elles moins grandes, sont-elles moins belles que celles que nous ont *procurées* l'astronomie et la chimie? Sont-elles moins dignes d'une noble curiosité? plus étrangères à notre bonheur? Qui n'avouerait que notre premier intérêt est de nous connaître nous-mêmes?

XX

DES VOLCANS.

Les montagnes ardentes que les géologues ont *désignées* sous le nom de volcans, renferment dans leur sein le soufre, le bitume et les matières qui servent d'aliment à un feu souterrain, dont l'effet, d'une violence que n'ont jamais *égalée* ni la poudre ni le tonnerre, s'est de tout temps *joué* des obstacles qu'on a *essayé* de lui opposer, a *effrayé* les hommes et *désolé* la terre. Un volcan est un canon d'une énorme dimension, dont l'ouverture a souvent plus d'une demi-lieue; cette large bouche à feu vomit des torrents de fumée et de flammes, des fleuves de bitume et de soufre, des nuées de cendres et de pierres; on l'a même *vue* lancer à plusieurs lieues de distance des quartiers de rochers si énormes, que toutes les forces humaines *réunies* se seraient vainement *proposé* de les mettre en mouvement. L'embrasement a été quelquefois si terrible, et la quantité des matières ardentes, *fondues*, *calcinées*, *vitrifiées*, que la montagne a *laissées* s'échapper de son sein, a été si abondante, qu'elles ont *enterré* des villes et des forêts, *couvert* les campagnes de cent et même de deux cents pieds d'épaisseur, et *formé* des collines et des montagnes qui n'étaient que des monceaux de ces matières *entassées*. L'action de ce feu a souvent été si violente qu'elle a *produit* par sa réaction des secousses qui ont *ébranlé* la terre, *agité* la mer, *détruit* les villes et les édifices les plus solides, à des distances même très-considérables.

XXI

BOILEAU AU COMTE D'ÉRICEYRA (LETTRE).

Excellence,

Bien que mes ouvrages aient *fait* de l'éclat dans le monde, je n'ai point *conçu* une trop haute opinion de moi-même, et si les louanges qu'on m'a *données* m'ont *flatté* assez agréablement, elles ne m'ont pourtant point *aveuglé*; mais j'avouerai que la traduction que Votre Excellence s'est *donné* la peine de faire de mon ART POÉTIQUE, et les éloges dont elle l'a *accompagnée* en me l'envoyant m'ont *donné* un véritable orgueil. Quelle qu'ait été ma bonne volonté, il ne m'a pas été possible de me croire un homme ordinaire en me voyant si extraordinairement *honoré*, et il m'a *paru* que d'avoir un traducteur de votre capacité, de votre élévation, était pour moi un titre de mérite qui me distinguait de tous les écrivains qu'a *produits* notre siècle. Je n'ai qu'une connaissance très-imparfaite de votre langue et je n'en ai *fait* aucune étude particulière; j'ai pourtant assez bien *entendu* votre traduction pour m'y admirer moi-même et pour me trouver plus habile écrivain en portugais qu'en français. En effet, vous enrichissez toutes mes pensées en les exprimant; tout ce que vous maniez se change en or; les cailloux mêmes, s'il faut ainsi parler, deviennent entre vos mains des améthystes, des saphirs, voire des diamants. Jugez, après cela, si vous devez exiger de moi que je vous marque les endroits où votre traduction pourrait s'être *écartée* de l'original; quand à mes pensées vous substitueriez quelques-unes des vôtres, bien loin de vouloir les ôter, je m'empresserais de profiter de votre méprise, et je les adopterais sur-le-champ pour me faire honneur.

Mille remercîments, monsieur le comte, pour l'honneur que vous m'avez *fait.*

XXII

BLANCHE DE CASTILLE A SON FILS.

Mon fils, si la Providence s'est *servie* de moi pour veiller sur votre enfance et vous conserver la couronne que vous ont *laissée* vos pères, j'ai peut-être le droit de vous rappeler les devoirs que le Ciel vous a *imposés;* mais j'aime mieux faire parler devant vous la tendresse d'une mère. Vous le savez, mon fils, le peu de jours que Dieu m'a *donnés* à vivre seront bientôt *passés*, et votre départ ne me laisse que la pensée que nous serons bientôt *séparés* pour jamais. Jusqu'à ce jour, vous avez *dédaigné* les conseils que j'ai *cru* devoir vous donner; mais s'il ne m'est pas *donné* de vous persuader, songez du moins à vos enfants, que vous abandonnez au berceau : ne vous sont-ils pas aussi chers que les chrétiens d'Orient que vous avez *juré* de délivrer du joug ennemi? Qui sait si, pendant votre absence, votre royaume ne sera pas *déchiré* par les dissensions intérieures? Restez donc en France, où tout réclame votre présence. Si le Christ exige que son héritage soit *délivré*, envoyez en Orient vos trésors et vos armées : Dieu bénira une guerre que vous aurez *entreprise* pour la gloire de son nom; mais ce Dieu qui m'entend, croyez-moi, n'ordonne point qu'on accomplisse un vœu contraire aux grands desseins que s'est *proposés* sa Providence. Non, ce Dieu de miséricorde qui ne permit point qu'Abraham achevât son sacrifice, ne vous permet point d'achever le vôtre, et d'exposer une vie à laquelle se trouvent *attachés* le sort de votre famille et le salut de votre royaume.

XXIII

LA CROIX.

Il s'est *trouvé*, dans ce monde que se sont *partagé* les misères et les crimes, un symbole de gloire et de vertu; dans ce monde où la force s'est *installée* avec l'esclavage, un symbole d'éternelle justice et de sainte liberté; dans ce monde où s'est *perpétuée* la douleur, un symbole d'éternelle consolation. Celui qui s'est *dit* le Fils de l'Homme, a *légué* l'instrument de son supplice à l'humanité; et, pendant dix-huit siècles et demi l'humanité s'est *prosternée* devant ce legs sacré. Avant lui, les riches et les rois s'étaient *arrogé* le droit d'avoir seuls des insignes et des bannières : il en a *donné* une aux pauvres, au genre humain tout entier, et les riches et les rois ont *abdiqué* les leurs pour l'adorer. La croix du Christ a *présidé* à toutes les destinées du monde moderne, elle s'est *associée* à toutes ses adversités et à toutes ses gloires. Elle a *servi* d'étai à ses institutions et d'étendard à ses armées. Elle a *consacré* les pompes les plus illustres de la civilisation, comme les émotions les plus intimes de la piété. Elle a *sanctifié* le palais des empereurs et la chaumière du paysan. Nos vierges s'en sont *servies* comme d'une parure, nos guerriers l'ont *choisie* pour décoration, et quand la mort nous a *frappés*, elle vient se placer sur notre tombe comme un signe consolant d'espérance et d'immortalité.

XXIV

LE TOMBEAU DE VIRGILE.

Ce tombeau est *placé* dans un site admirable, il a pour perspective le golfe de Naples, cette brillante nappe liquide qu'ont *admirée* tous les voyageurs; tels sont le repos et la magnificence qu'il y a dans cet aspect, qu'on est *tenté* de croire que c'est Virgile lui-même qui l'a *choisi*. Quelques violents bouleversements qu'ait *éprouvés* l'Italie, quelques grands ravages qu'aient *causés* les flots de Barbares qui l'ont *inondée* au moyen âge, les cendres du poëte ont été *respectées*, et la mémoire de son nom n'a *cessé* d'attirer dans ce lieu les hommages de l'univers. C'est tout ce que l'homme, sur cette terre, peut, quoi qu'il fasse, arracher à la mort.

Pétrarque a *planté* un laurier sur son tombeau, et Pétrarque n'est plus, et la plante s'est *laissée* mourir. Les étrangers que l'on a *vus* venir en foule honorer la mémoire de Virgile, ont *écrit* leurs noms sur les murs qui entourent l'urne; on est *importuné* par ces noms que rien n'a *tirés* de l'obscurité, et qui semblent là seulement pour troubler la paisible idée de sollitude que ce séjour fait naître : il n'y a que Pétrarque qui fût digne de laisser une trace durable de son voyage au tombeau de Virgile.

On redescend en silence de cet asile funéraire de la gloire; on se rappelle les immortels chefs-d'œuvre que nous a *laissés* le poëte, les pensées et les images que son talent a *consacrées* pour toujours : admirable entretien que l'art d'écrire perpétue et renouvelle! Ténèbres de la mort, qu'êtes-vous donc? Les idées, les sentiments, les expressions même d'un homme subsistent, et ce qui était lui ne vivrait plus! Non, une telle contradiction dans la nature est impossible.

XXV

ANTIOPE OU LE MODÈLE DES JEUNES FILLES.

Antiope est d'une douceur, d'une simplicité et d'une sagesse exemplaires; ses mains ne méprisent point le travail; il n'est rien qu'elle ne prévoie, rien à quoi elle ne pourvoie; elle sait se taire et agir de suite sans empressement; elle ne s'embarrasse jamais, parce qu'elle fait chaque chose à propos ; le bon ordre de la maison de son père est sa gloire, elle en est plus *ornée* que sa beauté. Quoiqu'elle ait soin de tout, quoiqu'elle soit *chargée* de corriger, d'épargner, de refuser, elle s'est *rendue* aimable à la maison tout entière : c'est qu'on ne trouve en elle ni passion, ni entêtement, ni légèreté, ni humeur. D'un seul regard elle se fait entendre, et l'on craint de lui déplaire en quoi que ce soit; elle donne des ordres précis, elle n'ordonne que ce qu'on peut exécuter; elle reprend avec bonté, et, en reprenant, elle encourage même par ce qu'elle dit. Antiope est un trésor digne d'être *cherché* dans les terres même les plus *éloignées.* Son esprit, non plus que son corps, ne se pare jamais de vains ornements; son imagination, quelle qu'en soit la vivacité, est *retenue* par sa discrétion; elle ne parle que par nécessité, et si elle ouvre la bouche, la douce persuasion et la grâce ingénue coulent de ses lèvres. Dès qu'elle parle, tout le monde se tait et elle en rougit : peu s'en faut qu'elle ne supprime les choses qu'elle a *voulu* dire, quand elle s'est *aperçue* qu'on l'écoute si attentivement. Heureux celui qu'un doux hymen unira avec elle ! il n'aura à craindre que de la perdre et de lui survivre.

XXVI

NÉCESSITÉ DE CHERCHER DIEU DANS L'ÉTUDE DE LA NATURE.

Bien des personnes n'ont *regardé* l'Histoire naturelle que comme un moyen propre à orner leur esprit; d'autres ne s'y sont *appliquées* que pour prendre part aux disputes que les savants ont *soulevées* entre eux; quelques-unes ne l'ont *étudiée* que pour former un cabinet; la plupart ne s'y sont *livrées* que pour se procurer un délassement après des occupations pénibles. Mais cette étude est presque *avilie* par des vues si *bornées*. Le spectacle de la nature nous est *donné* pour une fin plus noble que ne l'ont *supposé* toutes ces personnes. Il tend à nous rendre meilleurs en nous inspirant le plus profond respect pour son auteur. Dieu, en répandant la beauté sur toutes les choses qu'il a *créées*, a *voulu* attirer nos regards; mais, en nous rendant clairvoyant sur les utilités qu'il y a *attachées*, il nous a *caché* la structure et l'artifice intime sous un voile très-épais. L'intention qu'à *eue* le Créateur ne pouvait être mieux *marquée*; il ne s'est point *proposé* de nous donner ici l'intelligence de ses ouvrages, mais de nous toucher par les bienfaits qu'il nous a *prodigués*. L'Histoire naturelle est donc l'histoire des présents qu'il nous a *faits*. Plus nous y faisons de progrès, plus nous comprenons combien nous avons *reçu*.

XXVII

LA CASCADE DE PAQUEQUER (BRÉSIL).

La cascade de Paquequer, située à six journées et demie de Rio-Janeiro, tombe de plus de quatre-vingts mètres de haut sur un fond *hérissé* d'immenses blocs de granit. La masse d'eau est égale à celle de la fontaine de Vaucluse; et, comme cette source célèbre, elle porte bateau à sa naissance. L'effet *produit* par cette chute colossale est des plus grandioses : on n'aperçoit d'abord qu'une couche transparente comme une émeraude; puis, lorsque le regard plonge dans le gouffre, on en voit jaillir des flots de rubis et de diamants, dans lesquels se réfractent tous les feux du soleil des tropiques; ces gerbes lumineuses ressemblent au bouquet final d'un immense feu d'artifice, que les mille étoiles *colorées* du Bengale animent de toutes leurs splendeurs. L'air, *déplacé* par cette énorme colonne, produit un vent continuel qui s'engouffre en mugissant dans le fond de la vallée, emportant sur le faîte de la forêt voisine un nuage d'eau *réduite* en poussière, au milieu duquel se jouent des milliers d'arcs-en-ciel. Le dôme de verdure qui recueille les gouttelettes tout étincelantes, les transforme en une infinité de petits ruisseaux qui tombent du haut des arbres, et s'enfuient en grondant sur un lit de cailloux, pour se réunir au courant de la rivière. Ce spectacle est d'une puissance et d'une grandeur inou es; en sa présence, on est muet d'admiration. Les décors sont magnifiquement *disposés* pour encadrer cette grande scène : d'un côté, l'aspect mystérieux et sombre d'une forêt; de l'autre, l'austère grandeur des pics *décharnés* qui semblent écouter avec effroi le fracas épouvantable qui se fait à leur pied; et ce bruit d'enfer est l'accompagnement éternel de cet admirable spectacle.

XXVIII

UN LEVER D'AURORE.

Assis sur le sommet d'une jolie colline, j'ai *joui*, ce matin même, du riant tableau de l'aurore. Le jour a *commencé* à se mêler avec les ombres de la nuit; mais l'ombre a *diminué* insensiblement : on eût *dit* que le voile qui couvrait la nature commençait à se replier. Bientôt, toute une partie du ciel s'est *éclairée*; les astres ont *pâli* et ont pour ainsi dire *reculé* à l'approche du jour, tandis que du côté du couchant, la nuit étendait encore sous la voûte des cieux un voile *semé* de saphirs; les étoiles brillantes qui l'éclairaient ont *semblé* ranimer tout leur feu, et se sont *opposées* résolûment au lever de l'aurore, mais leurs efforts ont été vains : toute la partie orientale du ciel s'est *parée* des plus riches couleurs; la nature a *annoncé* son réveil à la terre par la voix de tous les animaux; un léger zéphyr a *frémi* doucement entre les feuilles des arbres; et des torrents de fumée que j'ai *vus* sortir des cabanes voisines, ont *annoncé* la fuite du repos et le règne du travail. L'étoile de Vénus disputait seule encore à l'aurore l'empire du matin; mais, contente d'avoir *combattu* un moment, elle a *prévenu* sa défaite par une fuite lente, qui a *laissé* la victoire indécise. Le triomphe de l'aurore a été rapide. Image naturelle du plaisir, son approche a été très-brillante, mais sa durée fort courte.

XXIX

IRÈNE.

Irène s'est *transportée* à grands frais à Épidaure, a *vu* Esculape dans son temple et l'a *consulté* sur les maux qu'elle s'est *figuré* ressentir. D'abord elle s'est *plainte* d'être lasse et *harassée* de fatigue, et le dieu a *prononcé* que cela lui arrivait par suite de la longue route qu'il lui avait *fallu* faire. Elle a *dit* que le soir elle était sans appétit, l'oracle lui a *ordonné* de dîner peu; elle a *ajouté* qu'elle était sujette à des insomnies, etc., il lui a *prescrit* de n'être au lit que pendant la nuit. Elle lui a *demandé* pourquoi elle était *devenue* pesante, et quel remède; l'oracle a *répondu* qu'elle devait se lever avant midi, et se servir quelquefois de ses jambes pour marcher; elle lui a *déclaré* que le vin lui était nuisible, l'oracle lui a *dit* de boire de l'eau; qu'elle avait des indigestions, il a *ajouté* qu'elle fît diète. Ma vue s'est *affaiblie* depuis quelque temps, a *dit* Irène. — Prenez des lunettes; a *dit* Esculape. — Je m'affaiblis sensiblement, a-t-elle *continué*, et je ne suis ni si forte, ni aussi saine que j'ai été. — C'est, a dit le dieu, que vous vieillissez. — Mais, quel moyen de guérir de de cette langueur? — Le plus court Irène, c'est de mourir, comme ont *fait* votre mère et votre aïeule. — Fils d'Apollon, s'est *écriée* Irène, quel conseil me donnez-vous? Est-ce là cette science que j'ai *entendu* vanter, et qui fait que toute la terre vous révère? Que m'apprenez-vous de rare et de mystérieux? Et ne savais-je pas tous ces remèdes que vous m'avez *enseignés*?

— Que n'en usiez-vous donc, a *répondu* le dieu, sans venir chercher de si loin, et abréger vos jours par un long voyage.

XXX

CHALEUR CENTRALE DE LA TERRE.

Des expériences qu'on a maintes fois *répétées* prouvent que la température de la terre s'accroît à mesure qu'on descend. S'appuyant sur cette observation, les géologues admettent qu'au centre la masse terrestre est fluide. Ils pensent même que, dans l'origine, la terre avait une température plus élevée encore, et qu'alors elle formait un globe liquide. En se refroidissant, elle s'est *solidifiée* à la surface. Le refroidissement continuant, la croûte s'est *contractée* lentement; alors elle s'est *crevassée, disloquée,* et a *présenté* ses premières grandes irrégularités de surface, les plus anciennes montagnes. Les vapeurs de l'atmosphère se sont *condensées* par suite du refroidissement, et ainsi se sont *amassées* dans les cavités du sol les premières grandes mers; celles-ci ont *commencé* à former des dépôts avec les débris qu'elles arrachaient au sol et avec les dépouilles des premiers animaux qu'elles avaient *nourris.* La masse liquide intérieure, *agitée* par diverses causes qu'ont soigneusement *énumérées* les géologues, a *bouleversé* la surface par de terribles tremblements de terre; le mouvement de contraction, continuant d'ailleurs avec le refroidissement, contribuait à ces dislocations d'autant plus terribles que la croûte terrestre, augmentant d'épaisseur, avait *résisté* plus longtemps. Ces grands bouleversements, d'abord assez *rapprochés* les uns des autres, se sont *produits* à des époques de plus en plus *éloignées*. Dans l'intervalle, le travail sédimentaire se poursuivait; enfin, la terre a *fini* par se constituer telle qu'elle est aujourd'hui.

XXXI

LES GLACES POLAIRES.

La mer, à partir d'environ quinze degrés et demi du pôle arctique, est *couverte* de blocs de glaces immenses, les uns fixes, les autres mobiles. Ces derniers sont si considérables et on les a quelquefois *vus* rouler avec une force d'impulsion telle que les navires se sont *laissé* surprendre par ces énormes masses. Ce péril est une des principales causes qui ont jusqu'ici *empêché* de parvenir au pôle même. Vous en comprendrez du reste l'imminence et la grandeur, quand vous vous serez *figuré* que ces glaces sont comme de véritables îles. Quand ces blocs énormes se rencontrent, il n'est pas étonnant qu'en se réunissant ils forment autour du vaisseau une ceinture qu'il ne peut rompre. Aussi, que de bâtiments ont *péri* de cette façon ! combien on en a *trouvés* de *bloqués* par les glaces, et *remplis* de passagers tous *morts* de faim : l'excès du froid avait conservé leurs cadavres sans aucune altération ! Le craquement que font entendre les blocs en se froissant, annonce assez avec quelle facilité ces masses aveugles brisent la frêle embarcation qui s'est *aventurée* dans ces tristes parages. Souvent le bois que roule cette mer s'est *enflammé* par le frottement violent que le mouvement de ces masses flottantes lui fait éprouver, et les flammes se sont *élevées* du sein de l'hiver éternel.

XXXII

INVENTIONS DE L'HOMME.

Je ne suis pas de ceux qui font un grand état des connaissances humaines; et j'avoue néanmoins que je ne puis contempler sans admiration ces merveilleuses découvertes qu'a *faites* la science pour pénétrer la nature, ni tant de belles inventions que l'art a *trouvées* et qu'il a *accommodées* à notre usage. Voyez la face du monde : l'homme l'a presque *changée*; certains animaux le surpassaient par la force : il les a *domptés* par l'esprit; leur humeur était brutale : il l'a *disciplinée*; leur liberté était indocile : il l'a *contrainte*. Les créatures inanimées n'ont *pu* lui résister, il les a *fléchies* par adresse; la terre ne lui donnait pas des aliments convenables, il l'a *forcée* par son industrie à lui en donner de meilleurs; l'aigreur sauvage des plantes s'est *corrigée* en sa faveur; les venins se sont *tournés* en remèdes pour l'amour de lui; le feu et l'eau, ces deux grands ennemis, se sont même *accordés* pour lui être utiles. Quoi de plus? il est *monté* jusqu'à l'empyrée : pour marcher plus sûrement, il a *appris* aux astres à le guider dans ses voyages; pour mesurer plus également la vie que le Créateur lui a *donnée* à passer sur la terre, il a *obligé* le soleil à rendre compte, pour ainsi dire, de tous ses pas. C'est que Dieu ayant *formé* l'homme pour être le chef de l'univers, il lui a *laissé* un certain instinct de chercher ce qui lui manque, dans toute l'étendue de la nature. Comment aurait *pu* prendre un tel ascendant une créature si faible et si *exposée*, selon le corps, aux insultes de toutes les autres, si elle n'avait *eu* en son esprit une force supérieure à toute la nature visible, un souffle immortel de l'esprit de Dieu, un rayon de sa face, un trait de sa ressemblance? Non, non, il ne se peut autrement.

———

XXXIII

ALEXANDRE.

Alexandre fit une grande conquête, et toutes les mesures qu'il lui avait *fallu* prendre, il les avait *prises* aussi justes que possible. Il ne partit qu'après avoir *soumis* les Grecs, et il ne laissa derrière lui rien qui pût l'inquiéter; il fit suivre à son armée de terre les côtes de la mer pour n'être point *séparé* de sa flotte. Il se servit admirablement bien de la discipline contre le nombre, et s'il est vrai que la victoire lui donna tout, il se l'était *assurée* par tous les moyens possibles. Dans le commencement de son entreprise, c'est-à-dire dans un temps où la moindre défaite, le plus léger échec même pouvait le renverser, il ne laissa rien au hasard; plus tard seulement, quand la victoire se fut *déclarée* pour lui, il montra peut-être une témérité plus grande qu'il n'aurait *dû*. La bataille d'Issus lui avait *donné* Tyr et l'Égypte; celle d'Arbelles lui donna la terre tout entière. Voilà comment il fit ses conquêtes; il faut maintenant que nous voyions comment il les conserva.

Il résista à ceux qui voulaient qu'il traitât les Grecs comme maîtres, et les Perses comme esclaves. Il ne songea qu'à unir les deux nations, quelques grandes différences qu'il y eût entre elles, et à faire perdre les distinctions de peuple conquérant et de peuple vaincu. Il abandonna, après la conquête, tous les préjugés qui lui avaient *servi* à la faire. Il prit les mœurs des Perses pour ne point les désoler en leur faisant prendre celles des Grecs. Il respecta les traditions anciennes et tous les monuments de la gloire et de la vanité des peuples. Les Romains conquirent tout pour tout détruire; lui, il voulut tout conquérir pour tout conserver. Il mourut, et toutes les nations qu'il avait *vaincues* le regrettèrent, et la famille qu'il avait *renversée* du trône versa des larmes !...

XXXIV

LE CONCILE DE NICÉE (318-25)

Le concile de Nicée est *resté*, dans l'histoire de l'espèce humaine, un des événements les plus considérables qui se soient jamais *accomplis*. C'est dans cette première réunion générale des principaux chefs de l'Église, *mandés* par des hérauts[1] de tous les coins de l'univers, que fut *composé* ce symbole que les chrétiens répètent, après quinze siècles et demi, sur toute la surface du globe; symbole qui expliquait celui dont les

1. L'Académie écrit *héraults*.

apôtres et leurs disciples s'étaient *servis* comme de mot d'ordre pour se reconnaître : si vous les avez *comparés*, ces deux symboles, vous avez *dû* remarquer les progrès du temps, et l'introduction de la haute métaphysique religieuse dans la simplicité de la foi. Et quels étaient les membres de cette convention universelle *réunie* pour reconnaître le monarque éternel et son éternelle cité? Des héros du martyre, de doctes génies, des hommes d'une merveilleuse simplicité de mœurs. Tel évêque gardait les moutons, tel autre vivait sur les hautes montagnes, passait l'hiver dans une caverne, se nourrissait de mûres sauvages, et portait une saie de poil de chèvre. Parmi ces trois cent dixhuit évêques, *accompagnés* des prêtres, des diacres et des acolytes, on remarquait des martyrs, nobles vétérans qu'avait *mutilés* la dernière persécution : celui-ci avait l'œil droit *crevé* et le jarret gauche *coupé;* celuilà, les deux mains *brûlées;* et tous ces vénérables athlètes, qui étaient *descendus* si vaillamment dans la lice, s'efforçaient de cacher leurs blessures, sans en réclamer la gloire. Tous ces soldats, d'une immense et même armée ne s'étaient jamais *connus;* ils avaient *combattu* sans se connaître, sous tous les points du ciel, dans l'action générale, pour la cause sainte qu'ils avaient *embrassée*.

XXXV

DES MONSTRES VIVANTS.

J'ai *entendu* maintes fois annoncer dans nos foires des monstres vivants; mais je n'en ai jamais *vu*, quelque peine que je me sois *donnée*. Un jour, on afficha une brebis à six pattes. Je fus curieux de voir cet animal et d'examiner l'usage qu'il faisait d'organes et de membres qui paraissaient être superflus. Comment, me disais-je, la nature s'est-elle *plu* à poser le corps d'une brebis sur six pattes, lorsque quatre étaient suffisantes pour la porter? Il me tardait de voir comment elle avait *attaché* ces deux nouvelles pattes, et comment, pour les faire mouvoir, elle avait *formé* de nouvelles veines et de nouveaux muscles avec leurs insertions. J'allai donc, comme mille autres badauds, porter mon argent pour satisfaire ma curiosité. Je vis sortir de la loge de ces animaux une foule de personnes qui paraissaient *émerveillées*. Enfin, je parvins comme eux au bonheur de les contempler. Les deux pattes superflues de la brebis n'étaient que des peaux *desséchées, découpées* comme des courroies et pendantes à sa poitrine sans toucher à terre et sans pouvoir lui être d'aucun usage. Je me retirai *convaincu* que tous ces êtres qu'on montre comme de curieuses singularités, prouvent bien moins le travail de la nature que son interruption. Aucun de ces êtres n'a *pu* parvenir à un développement parfait; et loin de témoigner que l'intelligence qui les a *produits* s'est *égarée*, ils attestent, au contraire, l'immuabilité de sa sagesse, puisqu'elle les a *rejetés* de son plan en leur refusant la vie.

XXXVI

LA FONTAINE ÉGÉRIE.

Je l'ai *visitée* cette fontaine si célèbre dans la destinée de Rome, au bord de laquelle le sage Numa feignait de converser avec sa naïade! Je les ai *écoutées* avec plaisir, toutes ces belles eaux qui, aujourd'hui libres, indépendantes, suivent uniquement la nature; je les ai *vues* ruisseler ou s'épancher, ou bondir sur la mousse, sur le sable ou sur le marbre, parmi des tronçons de colonnes qu'a *mutilées* la main du temps! Elles m'ont *entretenu* de tous les objets chers à mon cœur, elles les ont *offerts* à mon imagination tout heureuse; j'ai *cru* les voir. J'aimais ces ronces, ce lierre et cette vigne sauvage qui ont *pris* la place de la moitié de cette voûte de marbre, et qui suspendent autour de la fontaine leurs ombres jeunes et légères que tous les zéphyrs balancent. Ces chapiteaux corinthiens qui, brillant jadis dans les airs, semblaient écraser de leur poids la terre qui les portait, gisent maintenant sur l'herbe! Ces feuilles d'acanthe, si délicates, sont *couvertes* par des feuilles d'ortie! Il faut te quitter, charmante fontaine! D'autres rapporteront de Rome des tableaux; moi, j'en rapporterai les idées, les sensations et les sentiments que j'ai *éprouvés* sur tes bords charmants.

XXXVII

TURENNE ET CONDÉ (PARALLÈLE).

Deux hommes, que la commune voix de toute l'Europe a *égalés* aux plus grands capitaines qu'aient *eus* les siécles *passés*, ont *paru* en France au dix-septième siècle. Turenne, dès qu'il s'est *montré* à la tête de nos armées, a *donné* une haute idée de sa valeur, et a *fait* attendre quelque chose d'extraordinaire; mais, toutefois, il s'est *avancé* par ordre, et il est *venu* comme par degrés aux prodiges qui ont *fini* le cours de sa vie. Condé, comme un homme *inspiré,* dès la première bataille qu'il a *livrée,* s'est *égalé* aux maîtres les plus *consommés*. L'un, par de vifs et continuels efforts, a *emporté* l'admiration du genre humain, et l'envie s'est *tue* devant lui; l'autre a *jeté* tout d'abord une si vive lumière, qu'elle n'a *osé* l'attaquer. L'un, par son courage, s'est *élevé* au-dessus de tous les dangers qu'il a *eus* à courir, et a même *su* profiter de toutes les infidélités de la fortune; l'autre, par l'avantage de sa haute naissance, et par une espèce d'instinct admirable, semble avoir *entraîné* la fortune dans ses desseins et l'avoir *forcée* à le suivre. Et, afin que l'on vît toujours dans ces deux hommes de grands caractères, l'un, *emporté* d'un coup soudain, est *mort* pour son pays; sa piété, comme son courage, a été *louée* de tout le monde, et sa mémoire ne s'est point *laissé* flétrir par le temps; l'autre, *porté* par les armes à l'apogée de la gloire, est *mort* dans son lit, en publiant les louanges de Dieu, et a *laissé* tous les cœurs *remplis* tant de l'éclat de sa vie que de la douceur de sa mort.

XXXVIII

ANALYSE DU LIVRE DE JOB.

Moïse a *écrit* le livre de Job; c'est un point sur lequel tous les critiques se sont *accordés*. La sublimité des pensées et la majesté du style rendent d'ailleurs cette histoire digne de celui qui l'a *composée*. Les Hébreux se seraient peut-être *enorgueillis*, ils se seraient peut-être *attribué* à eux seuls la grâce de Dieu; il était donc important de leur faire entendre que ce grand Dieu avait ses élus, même dans la race d'Ésaü. Quelle doctrine était plus importante? et quel entretien plus utile pouvait donner Moïse au peuple *affligé* de tous les maux qu'il avait déjà *supportés* dans le désert, que celui de la patience de Job, qui, *livré* entre les mains de Satan pour être *éprouvé* par toutes sortes de peines, se voit *privé* de tous les biens que lui avait *valus* son travail, de ses enfants, qui faisaient ses plus chères délices, et de toutes les consolations qu'il avait *espéré* trouver sur la terre; qui bientôt après, est *frappé* d'une horrible maladie, et *agité* au dedans par la tentation du blasphème et du désespoir; mais qui, néanmoins, demeurant ferme, fait voir qu'une âme qui ne s'est pas *laissé* abattre, qui ne s'est pas *laissée* aller à la tentation et aux suggestions de l'esprit malin, non-seulement vainc tous les obstacles, mais encore s'élève par ses propres maux à la plus haute contemplation, et reconnaît dans les peines qu'elle endure, avec le néant de l'homme, le suprême empire de Dieu et sa sagesse infinie! Voilà ce qu'enseigne le livre de Job.

XXXIX

REPRÉSENTATION THÉÂTRALE DES MYSTÈRES.

La représentation des Mystères avait lieu ordinairement, non comme les jeux scéniques d'Athènes et de Rome, à certaines époques *fixées*, mais dans des circonstances tout imprévues et toutes solennelles, telles que l'avénement des rois, la cérémonie de leur sacre, la célébration de leur mariage. Tantôt c'était la nativité du Fils de Dieu dans une étable; tantôt c'étaient les rois et les bergers venant reconnaître sa divinité, et que vous eussiez *vus* se prosterner devant sa crèche. D'autres fois, c'était la résurrection du Sauveur des hommes et le jugement dernier, Hérode et les bourreaux du Christ expiant leur crime. Tous les sujets de l'Ancien et du Nouveau Testament, tous les miracles qu'avaient *opérés* les saints, furent successivement *arrangés* en drames et *mis* en vers pour être *représentés* devant le peuple, qui pleurait de joie à ces spectacles en criant : « Noël! Noël! » Sa foi en était *augmentée*, son cœur se pénétrait ainsi de plus en plus des hauts enseignements que nous a *donnés* la religion. Ces spectacles ne parlaient pas seulement aux yeux, ils s'adressaient encore et surtout à l'esprit des auditeurs, à qui ils remettaient sans cesse en mémoire la morale que le Christ nous a *enseignée* dans son Évangile. Les Hérodes, les Caïphes et les Pilates du siècle trouvaient des leçons de justice dans la représentation de la plus indigne iniquité qu'aient jamais *osé* commettre la perversité et la faiblesse des hommes. Les pauvres et tous ceux qui souffraient y puisaient des consolations, en voyant que le Dieu qu'ils adoraient avait *souffert* comme eux les outrages, les mépris, les persécutions même des puissants de la terre.

***

XL

CROMWELL.

Les plus rigoureux censeurs, les ennemis même de Cromwell ne lui ont pas *refusé* un grand esprit, une admirable circonspection et la plus intrépide fermeté; mais, l'audace *exceptée*, le plus puissant des ressorts qu'il ait *employés* pour s'élever a été la connaissance des hommes et de l'esprit de son temps. Cette pénétration, qui lui a *appris* ce qu'il pouvait espérer du fanatisme, explique l'hypocrisie qu'il a *montrée*. Cromwell a *mené* les hommes par ce qui donnait prise sur eux. L'ambition seule lui a *inspiré* des crimes qu'il a *fait* exécuter par le fanatisme des autres. Dans tout ce qui ne touchait pas à sa puissance, l'esprit généralement moral de son siècle l'a *rendu* équitable. La supériorité de sa raison lui a rarement *permis* d'être persécuteur; il ne s'est *vengé* d'aucun rival, ni d'aucun ennemi, *satisfait* de les avoir *vaincus* tous et de les dominer. Ses mœurs privées étaient pures et sévères; le peu d'années qu'il a *gouverné* ont *porté* l'Angleterre au plus haut point de grandeur où elle soit *parvenue* avant de jouir de sa constitution. Le choix des moyens qu'il a *employés* pour conserver la puissance qu'il avait *usurpée* attestent la grandeur de son génie; et cette puissance, il l'a *gardée* jusqu'à sa dernière heure ; et, après lui, son seul nom a *régné* encore quelque temps sous la faiblesse de Richard. Plusieurs écrivains anglais se sont *laissé* entraîner par l'esprit de parti, jusqu'à prodiguer à Cromwell des éloges excessifs que la morale repousse. On reprochera toujours à sa mémoire deux grands crimes qui s'aggravent encore l'un par l'autre : le régicide et la tyrannie.

XLI

LES QUATRE SIÈCLES LITTÉRAIRES.

On compte quatre siècles littéraires : le premier, et c'est un des plus glorieux ; car tous n'ont pas *produit* des Démosthènes, des Aristotes, des Platons et des Phidias, est celui de Périclès. Le second est celui d'Auguste, c'est-à-dire celui des Cicéron, des Tite-Live, des Horace. Le troisième est celui des Médicis et de François Ier. Enfin, le quatrième est celui qu'on nomme le siècle de Louis XIV, et c'est peut-être celui des quatre qui approche le plus de la perfection. *Enrichi* des découvertes des trois premiers, il a plus *fait* en certains genres que tous les autres ensemble. Les arts, à la vérité, n'ont point été *poussés* plus loin que sous les Périclès, les Auguste et les Médicis ; mais la raison humaine, en général, s'est *perfectionnée*. Pendant les soixante-douze années qu'a *régné* Louis XIV, il s'est *fait* dans nos esprits, dans nos mœurs même, une révolution qui doit servir de sceau à la véritable gloire de notre patrie. Cette heureuse influence ne s'est pas même *arrêtée* en France, elle s'est *étendue* en Angleterre; elle a *excité* l'émulation dont avait alors besoin cette nation hardie; elle a *porté* le goût en Allemagne, les sciences en Russie, elle a même *ranimé* l'Italie, qui s'était *laissée* aller à une sorte de langueur; et l'Europe tout entière a *dû,* quoi qu'on ait *pu* dire, sa politesse et l'esprit de société à la cour de Louis XIV.

XLII

LES MOINES DU LIBAN.

Nous avons *visité* hier même le couvent des moines du Liban; nous avons *parcouru* les cellules, le réfectoire, les chapelles même. Les moines, rentrant du travail, étaient *occupés* dans la vaste cour à dételer les bœufs et les buffles. Le travail se faisait sans bruit, sans cris; les figures de ces hommes étaient douces, sereines; la paix et le contentement étaient *empreints* sur leurs fronts. Quand l'heure du repas a *sonné,* ils sont *entrés* au réfectoire, non pas tous ensemble, mais selon qu'ils avaient *terminé* plus tôt ou plus tard leur ouvrage. Ce repas consistait en deux ou trois galettes de farine *pétrie* et *séchée* plutôt que *cuite* sur la pierre chaude; de l'eau et une demi-douzaine d'olives *confites* dans l'huile étaient en outre *servies* à chaque moine. Voilà toute la nourriture que j'ai *vu* donner à ces cénobites. La curiosité nous a *portés* ensuite à visiter les cellules, nous les avons *trouvées* toutes semblables : une petite chambre de quatre mètres carrés environ, avec une natte de jonc et un tapis, voilà tous les meubles; quelques images de saints *clouées* contre le mur, une Bible arabe, quelques manuscrits syriaques, voilà toute la décoration. Comme c'était un jour *chômé*, nous avons *voulu* tout voir. Une longue galerie intérieure, *couverte* en chaume, sert d'avenue à toutes ces chambres; mais cette galerie est si étroite qu'il faut qu'on se serre quand on passe deux de front. Lorsque nous avons *quitté* le couvent, les moines nous ont *fait* présent de quelques fruits secs, et nous sommes *revenus* à Beyrouth par une tout autre route que celle que nous avions *prise*.

———

XLIII

POLICHINELLE.

Nous avons *vu* Polichinelle! le grand, le vrai, l'unique Polichinelle! Il ne paraissait pas encore, et déjà nous le voyions; nous le distinguions à son rire inextinguible, comme celui des dieux qu'Homère a *chantés*. Enfin il a *paru*; il s'est *élancé* en riant, il a *gambadé*, il a *fait* mille sauts; il a *gesticulé* et est *retombé démantibulé* contre le châssis, qui a *résonné* de sa chute. Alors, oh! alors, ça été un spectacle enchanteur : les petits enfants qui s'étaient *tenus* immobiles d'un curieux effroi se sont *jetés* dans les bras de leurs bonnes, et ont *fixé* leurs regards avec inquiétude sur le théâtre. Ils se sont *agités* tout à coup, ils ont *agrandi* leurs beaux yeux ronds pour mieux voir; ils se sont *approchés*, se sont *retirés*, se sont *rapprochés*, se sont *disputé* la première place... Le flot de l'avant-scène a *roulé* à sa surface de petits bonnets, de petits chapeaux, des toques.

3.

des bourrelets, de jolis bras blancs qui se sont *contra-riés*, de jolis mains blanches qui se sont *repoussées*, et tout cela, savez-vous pourquoi? Pour saisir, pour avoir Polichinelle vivant!...

XLIV

LE TÉLÉMAQUE.

Le Télémaque est l'un des ouvrages originaux qu'a *produits* le siècle dernier, l'un de ceux qui ont le plus *honoré* et *embelli* notre langue, et celui qui a *placé* Fénelon parmi les plus grands écrivains que nous ayons *eus*. Son succès a été prodigieux, et la célébrité qu'il a *eue* n'avait pas besoin de ces applications malignes qui l'ont *fait* rechercher encore avec plus d'avidité, et ont *laissé* dans l'âme de Louis XIV des impressions qui ne se sont jamais *effacées*. La France l'a *reçu* avec enthousiasme, et les étrangers se sont *empressés* de le traduire. Quoiqu'il semble *écrit* pour la jeunesse et particulièrement pour un prince, c'est pourtant le livre de tous les âges et de tous les esprits. Jamais on n'a *fait* un plus bel usage des richesses de l'antiquité et des trésors de l'imagination; jamais la vertu n'a *emprunté* un langage plus enchanteur; jamais onction plus pénétrante, élocution plus persuasive, jamais plus grande abondance de sentiment ne se sont *répandues* dans un livre. Dans le Télémaque se trouvent cette aménité de style, cette diction élégante et pure, enfin cette facilité charmante qu'on n'avait point encore *rencontrées*. Quel genre de beautés ne renferme pas le Télémaque? L'intérêt de la fable, l'art de la distribution, le choix des épisodes, la vérité des caractères, les scènes toutes dramatiques et tout attendrissantes, les descriptions riches et pittoresques, ces traits sublimes toujours *placés* à propos et jamais *appelés* de loin, tout transporte l'âme et commande l'admiration.

XLV

ÉLOGE DE P. CORNEILLE.

La scène résonne encore des bravos qu'ont *excités*, à leur naissance, *le Cid, Cinna, Pompée*, tous ces chefs-d'œuvre qu'on a *représentés* depuis sur tant de théâtres, qu'on a *traduits* en tant de langues, et qui vivront à jamais dans la bouche des hommes. A dire le vrai, où trouvera-t-on un poëte qui ait *possédé* à la fois autant d'art, de force, de jugement et d'esprit? Quelle noblesse dans les sujets qu'il a *choisis!* quelle véhémence dans les passions qu'il a *mises* en jeu! quelle gravité dans les sentiments qu'il a *peints!* quelle dignité, et en même temps quelle prodigieuse variété dans les caractères qu'il a *tracés!* Combien de rois, de princes, de héros de toutes nations ne nous a-t-il pas *représentés* toujours ressemblants et ne se ressemblant jamais les uns aux autres! Parmi tout cela, une magnificence d'expressions *proportionnée* aux maîtres du monde qu'il a *fait* parler, magnificence qui néanmoins s'est *abaissée* quand il l'a *jugé* convenable, et qui est même *descendue* jusqu'aux plus simples naïvetés du comique, où il est encore inimitable. Corneille est un personnage vraiment *né* pour la gloire de son pays ; comparable, je ne dirai pas aux poëtes tragiques qu'a *eus* l'ancienne Rome, puisqu'elle avoue elle-même qu'en ce genre elle n'a pas été fort heureuse, mais aux Eschyle, aux Sophocle, aux Euripide, dont la fameuse Athènes ne se glorifie pas moins que des Thémistocle, des Périclès, des Alcibiade, qui vivaient en même temps qu'eux.

XLVI

LA SCIENCE.

Par elle, l'homme franchit les bornes étroites dans lesquelles il semble que la nature l'ait *renfermé*. La science, comme un phare brillant et sûr, le conduit d'état en état ; elle en révèle les lois, les mœurs, la religion, le gouvernement même : il revient *chargé* des dépouilles que lui ont *fournies* l'Orient et l'Occident, et *joint* ainsi les richesses étrangères à celles qu'il a *tirées* de son propre fonds : il semble que la science lui ait *appris* à pénétrer chez toutes les nations de la terre, et les ait *rendues* tributaires de sa doctrine. C'est l'homme de tous les siècles comme de tous les pays. Tous les sages qu'a *produits* l'antiquité ont *pensé*, ont *agi* pour lui, ou plutôt il a *vécu* avec eux ; il a *entendu* leurs leçons et les a *mises* en pratique ; il a été le témoin des grands exemples qu'ils ont *donnés*, et il les a *suivis*. Quel aiguillon leurs paroles n'ont-elles pas *laissé* dans son esprit ! Quelle sainte jalousie n'ont-elles pas *allumée* dans son cœur !

Ainsi, nos pères se sont *animés* à la vertu : une noble

émulation les a *portés* à rendre à leur tour Athènes et Rome jalouses de leur gloire; ils se sont *efforcés* de surpasser les Aristide en justice, les Phocion en constance, les Fabrice en modération, et les Caton même en vertu.

Si les exemples de sagesse, de grandeur d'âme, de générosité, d'amour de la patrie sont *devenus* plus rares que jamais, c'est que la mollesse et la vanité de notre siècle ont *rompu* les nœuds de cette douce et utile société que la science forme entre les vivants et les illustres morts, dont elle ranime les cendres pour en former le modèle de notre conduite.

XLVII

LE CHIEN.

Le chien, sans avoir cette lumière de la pensée que le Créateur a *donnée* à l'homme, a toute la chaleur du sentiment; il est tout zèle, tout ardeur et tout obéissance. Plus sensible au souvenir des bienfaits qu'il a *reçus* qu'à celui des outrages qu'il a *essuyés*, il ne se rebute pas par les mauvais traitements, quelque injustes qu'ils soient; à peine les a-t-il *subis*, que déjà il les a *oubliés*. Par ses services, il a bientôt *dédommagé* son maître des peines que lui a *coûtées* son éducation. Voyez-le à la tête des troupeaux qu'on lui a *donnés* à garder : il montre une vigilance et une activité qui excitent presque l'admiration. A la chasse, les talents qu'il a *reçus* de la nature se joignent aux qualités qu'il a *acquises* par l'éducation. Lui a-t-on *confié*, pendant la nuit, la garde de la maison : il veille, il fait le guet, et, pour peu que des étrangers se soient *arrêtés* ou aient *tenté* de franchir les barrières qu'on lui a *commandé* de garder, il s'élance, s'oppose, et, par des aboiements réitérés, donne l'alarme, avertit et combat. Le chien est le seul animal dont la fidélité soit à l'épreuve; le seul qui connaisse toujours son maître; le seul qui se souvienne de la route qu'il a *parcourue*; le seul, enfin, dont les talents naturels soient évidents et l'éducation toujours heureuse.

XLVIII

BOSSUET ORATEUR.

Figurez-vous un orateur qui, du haut de la chaire évangélique, a *terrassé* l'orgueil des princes et des rois; qui a *montré*, dans tous les genres qu'il a *inventés* ou *fécondés*, le premier et le plus beau génie qui ait jamais *illustré* les lettres, et qu'on peut placer avec une juste confiance à la tête des plus grands écrivains dont se soit *honorée* une nation; qui a *créé* une langue que lui seul a *parlée*; qui a *donné* à ses expressions une énergie extraordinaire, et à son style une majesté étonnante; qui a *instruit* l'univers en célébrant les plus illustres personnages que son temps ait *produits*; qui a *répandu* la consternation autour de lui en rendant pour ainsi dire présents les malheurs qu'il a *racontés*; et qui, en déplorant la mort d'un seul homme, a *montré* à découvert tout le néant de la nature humaine; qui, enfin, *animé* d'une verve et d'une foi tout ardentes, a *composé* des discours où il a *atteint* la perfection des ouvrages classiques, et qu'il importe que nous étudiions sans cesse, comme les artistes, pour former leur goût et leur talent, vont étudier à Rome les chefs-d'œuvre des Raphaël et des Michel-Ange. Voilà l'aigle de Meaux, voilà Bossuet!

XLIX

JEUX FLORAUX.

De l'institution de ces jeux date le premier encouragement public qu'ait *reçu* la poésie en France. Dans les universités qu'il y avait *eu* jusqu'alors, on ergotait longuement et sophistiquement sur les subtilités de la philosophie et de la théologie scolastiques; mais aucune assemblée purement littéraire ne s'était encore *formée.* C'est à la ville de Toulouse qu'est *dû* cet honneur. Au beau temps des troubadours, et dans ces pays du Midi où la poésie romane a *exercé* tant d'influence sur le moyen âge, une demi-douzaine de Toulousains se réunirent dans un jardin, aux portes de la ville, pour s'occuper de poésie. Ils convoquèrent à cette réunion, qu'ils appelèrent la SOCIÉTÉ DE LA GAIE SCIENCE, tous les troubadours et trouvères des environs, et promirent une VIOLETTE D'OR à celui qui composerait les plus beaux vers. La Société, en s'organisant, se donna des statuts, et, s'étant *accrue* peu à peu, elle créa deux nouveaux prix : L'ÉGLANTINE D'OR et LE SOUCI D'ARGENT. Vers la fin du xve siècle, cette Société acquit une nouvelle importance par suite d'un legs considérable que lui fit Clémence-Isaure. Louis XIV érigea la Société en ACADÉMIE DES JEUX FLORAUX et lui donna des règlements particuliers. Depuis ce temps, plusieurs prix nouveaux ont été *fondés*, entre autres celui de L'AMARANTE D'OR. La distribution de ces prix, qu'on appelle LA FÊTE DES FLEURS, a lieu tous les ans, le 3 mai. L'un des membres prononce dans cette séance l'éloge de Clémence-Isaure.

L

LE CATÉCHISME.

Le catéchisme!... A ce mot, il est rare que vous ne voyiez le sourire effleurer les lèvres de tout ce qui n'appartient plus à la première enfance. La sottise superbe, comme la sagesse moqueuse, ne lui jette qu'un regard dédaigneux. Ouvrir un catéchisme! plus d'un savant croirait déroger; l'homme mûr, la femme du monde, le jeune homme *échappé* d'hier des bancs des petites écoles, chacun aurait de la peine à se persuader que cette proposition fût sérieuse. Le catéchisme! mais c'est l'écho de l'Évangile, c'est la plus haute philosophie que les hommes aient jamais *eue* à méditer! Quoi! vous méprisez ce livre! Et vous ne prenez pas garde que là, en moins de quatre-vingts pages, sont *renfermés* tous les trésors de la sagesse de tous les siècles qui se sont *succédé!* Supposons que ce catéchisme, sur lequel vous ne daignez pas même jeter les yeux, fût *tombé* tout à coup sous la main des Socrate, des Platon, des Aristote, ces infatigables chercheurs de vérités qu'a *produits* l'antiquité, nous adjurons vos consciences de déclarer si ces grands hommes ne seraient pas *restés confondus* d'étonnement, muets d'admiration, *ravis* d'un suprême plaisir de curiosité *satisfaite*, devant cette grande lumière soudainement *levée* sur eux, en présence de cette magnifique synthèse qui explique toutes les énigmes, quelque *cachées* qu'elles soient, qui répond à tous les doutes, résout toutes les difficultés, relie si merveilleusement l'homme à Dieu, la terre au ciel, les choses du temps à celles de l'éternité, et tout cela sans aucun effort de paroles, sans ambages de discours, avec une clarté, une limpidité de langage telle, qu'il suffit d'avoir des oreilles pour entendre, et un cœur droit pour croire et pour aimer.

LI

MERVEILLEUSE ACTION DE LA PROVIDENCE.

La Providence s'est *plu* à mettre au midi des arbres toujours verts, et leur a *donné* un large feuillage qui servît d'abri aux animaux contre l'intensité de la chaleur. Elle s'est *empressée* de venir au secours des animaux eux-mêmes : elle les a *couverts* de robes à poils ras, et les a *vêtus* ainsi à la légère; quant à la terre qu'elle leur a *donnée* pour habitation, elle l'a *tapissée* de fougères et de lianes vertes, afin de les tenir fraîchement. Elle n'a point *oublié* les besoins des animaux du nord : elle a *donné* à ceux-ci pour toits les sapins toujours verts dont les pyramides hautes et touffues écartent les neiges de leurs pieds, et dont les branches

sont si *garnies* de longues mousses grises, qu'à peine
on en aperçoit le tronc ; pour litières, les mousses mêmes de la terre, qui, en maints endroits, ont trois dé-
cimètres et demi d'épaisseur, et les feuilles molles et
sèches de beaucoup d'arbres, qui tombent dès que les
beaux jours se sont *laissé* remplacer par la mauvaise
saison ; enfin, pour provisions, les fruits de ces mêmes
arbres, qui sont alors en pleine maturité. Elle y ajoute
çà et là les grappes rouges des sorbiers, qui, brillant au
loin sur la blancheur des neiges, invitent les oiseaux
à recourir à ces asiles ; en sorte que les perdrix, les
coqs de bruyère, les oiseaux de neige, les lièvres, les
écureuils même trouvent souvent à l'abri d'un seul
sapin de quoi se loger, se nourrir et se tenir fort chau-
dement.

LII

LES BIBLIOMANES ET LES BIBLIOPHILES

Les gens sensés se sont bien *gardés* de confondre
avec les bibliomanes ces hommes doués d'esprit et de
goût qui n'ont jamais *eu* de livres que pour s'instruire,
que pour se délasser, et qu'on a *décorés* du nom de
bibliophiles. Mais du sublime au ridicule, il n'y a qu'un
pas ; aussi le bibliophile est-il souvent *devenu* bibliomane, quand ses facultés intellectuelles ont *décru*, ou
quand sa fortune a *augmenté*, deux graves inconvé-
nients auxquels les plus honnêtes gens se sont *trouvés*
exposés ; mais le premier a toujours été bien plus commun que l'autre. Le bibliophile a des livres, mais il

a *choisis*, le bibliomane les a *entassés*; le bibliophile a *joint* le livre au livre, après l'avoir *soumis* à toutes les investigations de ses sens et de son intelligence; toujours le bibliomane a *entassé* les livres les uns sur les autres, mais jamais il ne les a *regardés*. Le bibliophile a *apprécié* les livres; le bibliomane les a *pesés et mesurés*; il n'a pas *choisi*, il a *acheté*. L'innocente et délicieuse fièvre de l'un a toujours été dans l'autre une maladie aiguë *poussée* jusqu'au délire. En un mot, le bibliophile possède ses livres, et le bibliomane en est *possédé*.

LIII

NAPOLÉON.

Napoléon est plutôt un homme de Plutarque qu'un héros moderne. Il est *tombé* comme un être d'une nature unique au milieu d'une civilisation qui lui était contraire. Il s'est *trouvé* le prisonnier de cette civilisation, mais un prisonnier souvent *irrité* contre ses entraves. Quels effets a *produits* cette contrainte où l'enchaînaient les mœurs d'une vieille société? Ne pouvant les détruire, parce qu'au temps seul appartient un pareil changement, il s'était *emparé* de ces mœurs qu'il avait *trouvées* tout *établies*, et les avait *appropriées* à sa nature. Pour cela, il avait *dû* les pousser à l'excès sous quelque forme qu'elles se fussent *présentées* à lui, soit dans la carrière des armes, soit dans celle du pouvoir; mais aussi il leur avait *apposé* un sceau distinctif par l'influence qu'avaient *eue* ses lois civiles, et par la ré-

gularité qu'il avait *imprimée* à sa majestueuse administration. Dans l'espace de plusieurs siècles, l'histoire ne
présente pas un seul homme à qui Napoléon puisse être
comparé, et ce n'est qu'en remontant bien haut que
l'on pourrait reconnaître ses ancêtres historiques dans
les Alexandre, les César et les Charlemagne. Dans
deux ou trois cents ans, on ne comprendra ni l'apparition ni la destruction de cet homme à part dans l'histoire comme dans la nature, qui, d'une île de la Méditerranée, s'élevant tout à coup sur l'Europe, qu'avait
ébranlée la Révolution française, l'a *dominée* pendant
vingt ans, a *disparu* de la terre, et a *laissé* ses débris
au milieu des flots.

LIV

LES CIMETIÈRES.

Un cimetière doit être une école de morale. C'est là
que, à la vue des puissants et des riches *réduits* en
poussière, s'évanouissent toutes les passions humaines
qui s'étaient *glissées* dans notre âme. Plantons-y donc
des végétaux qui rappellent la mémoire de ceux que
la mort nous a *ravis*; que les pâles violettes fleurissent,
chaque printemps, sur la tombe des enfants qui ont
aimé leurs parents; que le lierre embrasse le cyprès
sur celle des époux que la mort seule a *désunis*; que
le laurier y caractérise ceux qui se sont *distingués* par
les vertus guerrières; que l'olivier ombrage la tombe
des négociateurs; enfin que les pierres *chargées* d'ins-
criptions à la louange de ceux qui se sont *rendus* utiles

à leurs semblables, soient *entourées* de troënes, de buis, de genièvres, de buissons ardents, de houx aux graines sombres, de chèvrefeuilles odorants, de majestueux sapins; mais que toutes ces distinctions soient analogues au caractère des personnes que nous avons *perdues*, et qu'elles ne soient pas des preuves d'orgueil et d'opulence. Puissé-je me promener un jour dans cet élysée *éclairé* des rayons naissants de l'aurore, ou des derniers feux du soleil, ou des pâles reflets de la lune! puissé-je moi-même être digne d'y avoir un jour mon tertre, *entouré* de ceux de mes enfants qui m'auront *survécu!*

LV

L'ANCIEN TESTAMENT.

Le peuple juif est le seul qui ait *connu*, dès son origine, le Dieu créateur du ciel et de la terre; le seul qui, par conséquent, dût être le dépositaire des secrets divins; il les a aussi *conservés* avec une religion qui n'a pas d'exemple. Les livres que les Égyptiens et les autres peuples appelaient divins, sont *perdus* il y a longtemps, et à peine en reste-t-il quelque mémoire confuse dans les histoires anciennes. Les livres sacrés des Romains, où Numa, auteur de leur religion, en avait *écrit* les mystères, ont *péri* par les mains des Romains mêmes, et le sénat les fit brûler comme tendant à renverser la religion. Ces mêmes Romains ont à la fin *laissé* périr les livres sibyllins qu'ils avaient si longtemps *révérés* comme prophétiques, et où ils voulaient qu'on crût qu'ils trouvaient les décrets des dieux immortels sur leur Empire, sans pourtant en avoir jamais *montré* au public, je ne dis pas un seul volume, mais un seul oracle. Les Juifs sont les seuls dont les Écritures sacrées aient été d'autant plus en vénération qu'elles ont été plus *connues*. De tous les peuples qu'il y a eu dans l'antiquité, le peuple juif est le seul qui ait *conservé* les monuments primitifs de sa religion. Et aujourd'hui encore, ce même peuple reste sur la terre pour porter à toutes les nations où il a été *dispersé*, les miracles et les prédictions qui ont *rendu* cette religion inébranlable.

LVI

L'OURSE ET LA CORNEILLE.

Une Ourse avait un petit qui venait de naître. Il était de la plus horrible laideur qu'on se soit jamais *figurée;* quelque attention qu'on fît, on ne reconnaissait en lui aucune forme d'animal; c'était une masse tout informe et toute hideuse. L'Ourse, honteuse d'avoir un tel fils, s'en va trouver sa voisine la Corneille, qui faisait grand bruit par son caquet sur un chêne. — « Que ferai-je, lui dit-elle, ma bonne commère, de ce petit monstre? J'ai bien envie de l'étrangler. — Gardez-vous-en bien, dit la causeuse; d'autres ourses se sont *trouvées* dans le même embarras que vous. Allez, léchez doucement votre fils; il sera bientôt joli, mignon et propre à vous faire honneur. » La mère crut facilement les conseils qu'on lui avait *donnés* en faveur de son fils. Quelle que fût son impatience, elle le lécha long-

temps, très-longtemps. Enfin il commença à être moins
afforme, et elle alla remercier la Corneille en ces
termes : « Si vous n'eussiez *modéré* mon impatience,
je me serais *laissée* aller à la cruauté, et j'aurais déchiré mon fils, qui fait maintenant tout le plaisir de
ma vie. »

Oh! que de biens l'impatience n'a-t-elle pas *empê-
chés*, et que de maux n'a-t-elle pas *causés!*

LVII

LE LEVER DU JOUR A VENISE.

La frégate que l'État avait *chargée* de veiller à l'entrée du port, a *tiré* son coup de canon pour annoncer
six heures du matin. En ce moment une légère teinte
bleue a *coloré* les vitres, et l'aurore s'est *montrée;*
mais Venise, cette paresseuse patrie du plaisir, ne s'est
pas encore *éveillée.* Cependant quelques voiles se sont
déployées dans le lointain, du côté de Fusine, appor-
tant à la reine des mers les provisions de la journée.
Bientôt, au sommet de la ville *endormie,* l'ange du
campanile de Saint-Marc est *sorti* brillant du crépus-
cule, et les premiers rayons du soleil ont *étincelé* sur
ses ailes dorées. Alors les innombrables églises de
Venise ont *sonné* l'Angelus; les pigeons de la République, *avertis* par le son des cloches, dont ils savent
compter les coups avec un merveilleux instinct, ont
traversé par bandes, à tire-d'aile, la rive des Escla-
vons, pour aller chercher, sur la grande place, le grain
qu'on y répand régulièrement pour eux à cette heure;

les brouillards se sont *élevés* peu à peu; le soleil a
paru; quelques pêcheurs ont *secoué* leurs manteaux et
se sont *mis* à nettoyer leurs barques; l'un d'eux a *en-
tonné,* d'une voix claire et pure, un couplet de je ne
sais quel hymne national; du fond d'un bâtiment de
commerce, une voix de basse lui a *répondu;* une autre,
plus éloignée de quatre-vingts pas environ, s'est *jointe*
au refrain du second couplet; bientôt le chœur a été
organisé, chacun a *fait* sa partie en travaillant, et une
belle chanson a *salué* la clarté du jour.

LVIII

PUISSANCE DE L'HOMME.

Ce n'est que depuis environ trente siècles que la
puissance de l'homme s'est *étendue* sur la plus grande
partie de la terre : jusqu'alors les trésors de sa fécondité
étaient *enfouis,* l'homme les a *mis* au grand jour; ses
autres richesses, encore plus profondément *enterrées,*
n'ont *pu* se dérober à ses recherches, et sont *devenues*
le prix de ses travaux. Par son intelligence, les animaux ont été *apprivoisés, subjugués, domptés, réduits*
à lui obéir à jamais; par ses travaux, les marais ont
été *desséchés,* les fleuves *contenus,* leurs cataractes
effacées, les forêts *éclaircies,* les landes *cultivées;* par
sa réflexion, les temps ont été *comptés,* les espaces
mesurés, les mouvements célestes *reconnus, combinés,*
représentés, le ciel et la terre *comparés,* l'univers
agrandi et le Créateur dignement *adoré;* par son art
et sa science *réunis,* les mers ont été *traversées,* les

montagnes *franchies*, les peuples *rapprochés*, un nouveau monde *découvert*; mille autres terres sont *devenues* son domaine, enfin la face entière de la terre porte aujourd'hui l'empreinte de la puissance de l'homme, laquelle, quoique *subordonnée* à celle de la nature, souvent a *fait* plus qu'elle, ou du moins l'a si merveilleusement *secondée*, que c'est à l'aide de nos mains qu'elle s'est *développée* dans toute son étendue, et qu'elle est *arrivée* par degrés au point de perfection et de magnificence où nous la voyons aujourd'hui.

LIX

LES ANGES TUTÉLAIRES DES MALHEUREUX.

Un soldat, las des guerres qui s'étaient *succédé* sous Louis XIV, et auxquelles il avait *pris* part, s'était *retiré* parmi les tribus sauvages de la Guyane française; et là, sa bonté, plus encore que son activité et son industrie, lui avait *valu* le titre de bienfaiteur des sauvages, auxquels sa patience s'était *exercée* à apprendre l'art de mieux cultiver les plantes et les arbres qu'il avait *distingués* dans ces contrées fertiles. Les sauvages, tant qu'il leur fut utile, lui témoignèrent un attachement sans bornes; mais quand cet Européen, qui avait tout *sacrifié* pour fertiliser cette région agreste, eut *atteint* la vieillesse, il se trouva dans un état de cécité complète, et alors tous les sauvages, sans exception, l'abandonnèrent; deux négresses seulement lui témoignèrent une fidélité qu'il n'avait *osé* espérer, et lui prodiguèrent des soins constants jusqu'à sa mort.

C'est qu'il n'y a que les femmes que le malheur n'éloi-
gne pas : la nature a *rempli* leur âme de tant de bienveillance et de pitié, qu'elles semblent *jetées* comme
des êtres tutélaires entre l'homme et les vicissitudes
du sort !...

LX

L'ASCENSION DE JÉSUS-CHRIST.

Il y avait déjà quarante jours que le divin Sauveur
était *ressuscité*, lorsqu'il apparut pour la dernière fois
à ses apôtres à Jérusalem. Après avoir *fait* la cène avec
eux et quelques disciples, il les conduisit d'abord à
Béthanie, dans la maison de ses bienheureux hôtes
Lazare, Marthe et Marie, où il est croyable que sa
sainte mère et plusieurs autres femmes qui lui étaient
affectionnées s'étaient *rendues* pour l'attendre. Après
les avoir *remerciées* pour la dernière fois des assis-
tances qu'il avait *reçues* d'elles pendant le peu d'années
qu'il avait *vécu* sur terre, et les avoir divinement *con-
solées* sur sa prochaine séparation, il les invita à le
suivre. Il prit alors le chemin de la montagne des
Oliviers, où quarante-trois jours auparavant il avait
souffert une si cruelle agonie, et où il avait été *saisi*
par les Juifs comme un criminel. C'était cette montagne qu'il avait *choisie* pour être le théâtre de son
triomphe. Y étant *arrivé*, il donna le dernier adieu à
cette nombreuse réunion de ses disciples, leur réitérant
la promesse qu'il leur avait déjà *faite* de leur préparer
des places dans le ciel et de les y recevoir un jour,

après qu'ils seraient *sortis* vainqueurs de la lice terrestre. Enfin, les ayant *bénis*, il monta visiblement au ciel, non avec rapidité, mais peu à peu, comme on voit s'élever un nuage de fumée qui s'exhale d'un parfum de myrrhe et d'encens *mis* sur des charbons ardents.

LXI

SINGULIER MOYEN DE RECUEILLIR LA ROSÉE.

Les anciens alchimistes, qui se sont *donné* tant de peines inutiles, s'étaient *imaginé* de faire de la rosée la base de leur breuvage d'immortalité. Quelque deux cents ans avant l'ère chrétienne, un empereur de la Chine, *séduit* par les promesses fallacieuses de quelques charlatans, fit construire avec un soin minutieux un palais de bois de senteur, dont le parfum s'exhalait à plusieurs milles de distance. Au milieu de ce palais s'élevait une tour de cuivre de près de quatre cents pieds de hauteur, *terminée* par un grand entonnoir *destiné* à recevoir la rosée du ciel. Un certain nombre de perles d'un grand prix, *dissoutes* dans cette rosée, devaient achever la teinture de l'immortalité.

On devine bien que tout cela ne servit qu'à détromper le trop crédule empereur. D'ailleurs, l'idée d'aller chercher la rosée à quatre cents pieds de hauteur ne prouvait que l'ignorance des soi-disant savants chinois. La rosée — mille et une expériences l'ont *démontré* — ne tombe pas du ciel ; elle se forme sur la terre par le rayonnement ; mais l'idée qu'ils avaient *eue* de recueillir la rosée dans un entonnoir de métal était encore plus malheureuse, parce que jamais la rosée ne se dépose sur les métaux *polis*. L'empereur chinois, avec sa tour et son entonnoir, ne pouvait tout au plus recueillir que de la pluie.

LXII

L'APOLLON DU BELVÉDÈRE.

De toutes les statues antiques qui ont *échappé* à la fureur des Barbares, et qu'ont *épargnées* les ravages du temps, celle d'Apollon est sans contredit la plus sublime. Autant la description qu'Homère nous a *laissée* de ce Dieu surpasse les descriptions qu'en ont *données* après lui les autres poëtes, autant cette figure l'emporte sur toutes les autres figures qu'on a *sculptées* de ce même dieu. Sa taille est au-dessus de celle de l'homme; et son attitude respire la majesté; un esprit céleste circule, comme une douce vapeur, dans tous les contours de cette œuvre admirable; son œil est plein de douceur; ses sourcils, par leur mouvement, annoncent sa volonté; sa belle chevelure flotte autour de sa tête, comme si elle était légèrement *agitée* par l'haleine de Zéphire; elle semble *parfumée* d'une essence divine, et *attachée* négligemment au haut de sa tête par la main des Grâces; enfin sa bouche, sa pose, tout révèle un dieu. A la vue de cette merveille qu'a *créée* le ciseau d'un artiste grec, on passe, après une courte pause, de l'admiration à l'enthousiasme et bientôt à l'extase : c'est que, en effet, l'Apollon du Belvédère est une des plus sublimes créations que nous ait *laissées* l'antiquité.

LXIII

UTILITÉ DES MARAIS.

Les marais, tout nuisibles que vous les avez *sup-posés*, ont cependant de grandes utilités : ce sont les urnes des fleuves dans les pays de plaines, et les réservoirs des pluies dans les contrées *éloignées* de la mer. Leur limon et les cendres de leurs herbes fournissent des engrais aux laboureurs; leurs roseaux donnent le feu et le toit à de pauvres familles : frêle couverture, en harmonie avec la vie de l'homme, et qui ne dure pas plus que le peu de jours que Dieu nous a *donnés* à vivre. Ces lieux ont même une certaine beauté qui leur est propre; frontière de la terre et de l'eau, ils ont des végétaux, des cités et des habitants particuliers; tout y participe du mélange des deux éléments. Les glaïeuls tiennent le milieu entre l'herbe et l'arbuste, entre le poireau des mers et la plante terrestre; les marais ont aussi des insectes, j'y en ai *vu* qui ressemblaient à de petits oiseaux; quand la demoiselle, avec son corsage bleu et ses ailes transparentes, se repose sur la fleur du nénuphar blanc, on croirait voir l'oiseau mouche des Florides sur une rose de magnolia. En automne, ces marais sont *plantés* de joncs *desséchés*, qui donnent à la stérilité même l'air de ces opulentes moissons que vous avez *vues* jaunir nos campagnes; au printemps, ils présentent des bataillons de lances verdoyantes. Un bouleau, un saule même où la brise a *suspendu* quelques flocons de plumes, domine ces mouvantes campagnes; le vent, glissant sur ces

mille roseaux, en incline tour à tour les cimes : l'une
s'abaisse, tandis que l'autre se relève, puis soudain
toute la forêt venant à se courber à la fois, on découvre ou le butor doré, ou le héron blanc qui se tient
immobile sur une longue patte, comme sur un épieu.

LXIV

LA SENSITIVE.

Voyez cette plante que les naturalistes ont à juste titre
nommée SENSITIVE. Ne semble-t-il pas qu'elle fuie notre
approche, et qu'elle se dérobe à la main qui s'est
avancée pour la toucher, comme si cette main devait
lui porter un coup mortel? Elle va même, pour peu
que vous essayiez de la saisir, jusqu'à rapprocher de sa
tige toutes ses branches avec une apparence de tristesse,
jusqu'à pencher vers la terre sa tête toute languissante,
tout *abattue.* Cessez de la poursuivre, vous la verrez se
relever, épanouir une seconde fois ses feuilles qu'elle
avait *laissées* tomber, et reverdir avec un air de sérénité. Elle doit toute sa beauté, toute sa vigueur à la
séve dont sont *remplis* ses vaisseaux; mais ces vaisseaux sont tels que le moindre coup qui leur est *porté*
par les gouttes de pluie même les plus petites, par une
main, par une baguette, arrête le cours de ce suc nour-
ricier, qui reflue alors dans les racines. La plante *desséchée* se resserre aussitôt, et il est rare que vous ne
voyiez ses fibres tressaillir et ses feuilles se replier.

LXV

LE CHÂTEAU DE BURON.

Un des plus singuliers spectacles de toute l'Auvergne est celui que présente le vieux château de Buron. Figurez-vous une montagne que jonchent ou plutôt que hérissent d'énormes faisceaux de colonnes bleuâtres, les uns comme *appuyés* pêle-mêle contre la pente, les autres émergeant du sol par leur extrémité ; et sur cette innombrable quantité de colonnes dominent les ruines d'un vieux château, *bâti* lui-même en basalte, à l'exception des portes et des fenêtres, qui sont *garnies* de pierres jaunâtres qu'a *fournies* la même montagne. Les basaltes servaient jadis de remparts à cette habitation seigneuriale ; et certes, les parapets, même les plus solides, ne l'auraient pas si bien *défendue* que ces milliers de colonnes, qui de toutes parts présentent leurs prismes effilés. C'était sans doute une idée singulière que celle de se retrancher au milieu de cette lave si bizarrement *formée ;* mais une fois *exécutée*, elle dut présenter de grands avantages dans les temps où l'on n'était en sûreté que dans les châteaux bien *fortifiés*. L'aspect de celui-ci devait inspirer la frayeur : aussi nous ne croyons pas que les ennemis se soient jamais *hasardés* à attaquer cette position redoutable. Il règne tant de désordre dans les basaltes de la montagne de Buron, que l'on suppose avec raison que c'est un volcan dont la cheminée s'est *affaissée*, en sorte qu'une partie des laves *vomies* se sont *laissées* retomber dans le foyer et l'ont *comblé*. Les paysans des en-

virons bâtissent leurs maisons avec ces prismes de basaltes, que la nature semble avoir *apprêtés* à dessein.

LXVI

MADAME DE SÉVIGNÉ A SA FILLE (LETTRE).

Ma chère fille,

Je vous conjure de conserver vos yeux; quant aux miens, vous savez qu'ils doivent finir à votre service. Vous comprenez bien, ma belle, que, de la manière dont vous m'écrivez, il faut que je pleure en lisant vos lettres. Joignez à la tendresse et à l'inclination natu- relles que j'ai toujours *eues* pour votre personne, la petite circonstance d'être *persuadée* que vous m'aimez, et jugez de l'excès de mes sentiments. Méchante, pour- quoi vous êtes-vous *plu* quelquefois à me cacher de si précieux trésors? Vous avez peur que je ne meure de joie; mais n'avez-vous pas *craint* aussi que je ne mou- russe de peine en pensant au peu de promptitude que vous avez *mis* à m'écrire depuis quelques mois?... Je suis présentement assez raisonnable, je me soutiens au besoin, et quelquefois je suis quatre ou cinq heures comme toute autre personne; mais peu de chose me remet dans mon ancien état... Je continue de voir ma- dame de Villars; je me suis toujours *plu* avec elle; c'est que ses sentiments sont ceux que j'ai toujours *eus*: elle vous fait mille et une amitiés. J'ai *lu* vos vers et je les ai *trouvés* charmants. Vous écrivez extrêmement bien; je ne sache personne qui écrive mieux que vous;

ne quittez jamais le naturel ; vous savez que c'est une qualité que je vous ai toujours *recommandée*, et que vous m'avez *entendu* louer partout où je l'ai *trouvée*. Ah ! mon enfant, je voudrais bien vous entendre, vous embrasser ou vous voir passer, si c'est trop demander que le reste ! Eh bien ! par exemple, voilà de ces pensées auxquelles je ne me sens pas, quoi que je fasse, la force de résister. Adieu, ma très-aimable ; jamais il ne s'est *vu* un attachement si vrai, si naturel, que celui que j'ai pour vous.

LXVII

LA VERSION DES SEPTANTE.

Lorsque les Ptolémées se furent *rendus* maîtres de l'Égypte, et que le partage qui suivit la bataille d'Ipsus eut *consacré* leur conquête, un grand nombre de Juifs vinrent s'établir dans le nouveau royaume. Sous Ptolémée-Philadelphe, un des plus zélés protecteurs des lettres qu'ait *produits* l'antiquité, leurs Écritures furent *traduites* en grec, et c'est alors que fut *publiée* la célèbre version des Septante. C'étaient de savants vieillards qu'Éléazar, souverain pontife, avait *envoyés* au roi, qui les lui avait *demandés*. Il est possible, et c'est une opinion qu'ont *soutenue* quelques critiques, qu'ils n'aient *traduit* que les cinq premiers livres de la loi. Le reste des livres sacrés aurait été *mis* plus tard en grec pour l'usage des Juifs *répandus* dans l'Égypte et dans la Grèce, où ils oublièrent non-seulement leur ancienne langue, qui était l'hébreu, mais encore le chaldéen, qu'ils s'étaient *vus forcés* d'apprendre pendant les soixante-dix ans qu'avait *duré* la captivité. Ils se firent un grec mêlé d'hébraïsme, qu'on a *appelé* la langue hellénistique; les Septante et tout le Nouveau Testament sont *écrits* en ce langage.

LXVIII

TYR.

Tyr était *bâtie* dans une île. Cette grande ville semblait nager au-dessus des eaux, et vous l'eussiez *prise* pour la reine des mers. Les marchands y affluaient de toutes les parties du monde, même les plus *éloignées*, et ses habitants étaient eux-mêmes les plus fameux marchands qu'eût jamais *eus* l'univers. Quand vous entriez dans cette ville, vous croyiez d'abord que ce n'était point une ville qui appartînt à un peuple particulier, mais qu'elle était la ville commune de tous les peuples et le centre de leur commerce. Elle avait deux grands môles semblables à deux bras que vous eussiez *vus* s'avancer dans la mer, et qui embrassaient un vaste port que la nature elle-même s'était *plu* à creuser. Vous voyiez comme une forêt de mâts de navires; et ces navires étaient si nombreux, qu'à peine pouviez-vous découvrir la mer qui les portait. Tous les citoyens s'appliquaient au commerce, et leurs grandes richesses ne les dégoûtaient jamais du travail nécessaire pour les augmenter. Vous y voyiez de toutes parts le fin lin de l'Egypte, et la pourpre tyrienne deux fois *teinte* d'un éclat merveilleux. Cette double teinture était si vive que le temps ne pouvait l'effacer : on s'en servait pour des laines fines qu'on rehaussait d'une broderie où se mêlaient l'or et l'argent.

LXIX

ALEXANDRE ET CALLISTHÈNE.

Lorsqu'Alexandre eut *détruit* l'empire des Perses, il voulut que l'on crût qu'il était fils de Jupiter. Les Macédoniens étaient *indignés* de voir ce prince rougir d'avoir Philippe pour père : leur indignation, qu'ils avaient assez longtemps *contenue*, éclata lorsqu'ils le virent prendre les mœurs, les habits, les manières même de la nation qu'ils avaient *vaincue ;* ils se reprochaient les fatigues qu'ils avaient *essuyées*, les dangers qu'ils avaient *courus* pour un homme qui commençait à les mépriser. On murmurait dans l'armée, mais on ne parlait pas. Un philosophe, *nommé* Callisthène, avait *suivi* le roi dans son expédition. Un jour qu'il le salua à la manière des Grecs : « D'où vient, lui dit Alexandre, que tu ne m'adores pas ? — Seigneur, lui dit Callisthène, vous êtes chef de deux nations : l'une, esclave avant que vous l'eussiez *subjuguée*, ne l'est pas moins depuis que vous l'avez *vaincue ;* l'autre, libre avant qu'elle vous servît à remporter tant de victoires, ne l'est plus depuis que vous les avez *remportées*. Je suis Grec, seigneur ; et ce nom, vous l'avez *élevé* si haut, que, sans vous faire tort, il ne nous est plus *permis* de l'avilir. » Les vices d'Alexandre étaient extrêmes comme ses vertus : il était terrible lorsque la co-

lère s'était *emparée* de lui; elle le rendait cruel. Il fi[t]
couper les pieds, le nez et les oreilles à Callisthène[, et]
ordonna qu'on le mît dans une cage de fer, et le fi[t]
porter ainsi à la suite de l'armée.

LXX

L'ORAISON FUNÈBRE DU PRINCE DE CONDÉ.

Nous nous étions *imaginé*, pendant quelque temps,
que l'oraison funèbre du prince de Condé, la fin *exceptée*, était généralement trop *louée*; nous croyions
qu'il était plus aisé, comme il l'est en effet, d'arriver
aux formes d'éloquence du commencement de cet éloge
qu'à celles de l'oraison de madame Henriette; mais
quand nous avons *lu* ce discours avec toute l'attention
que méritent de pareils chefs-d'œuvre; quand nous
avons *vu* l'orateur emboucher la trompette épique
pendant une moitié de son récit, raconter une des plus
grandes batailles qu'il y ait *eu* au dix-septième siècle,
comme s'il l'avait *livrée* lui-même; et donner, comme
en se jouant, un chant d'Homère; quand, se retirant à
Chantilly avec Achille en repos, il rentre dans le ton
évangélique, et retrouve les grandes pensées qu'inspire
la religion, les vues chrétiennes dont sont *remplies* les
premières oraisons funébres; lorsque, après avoir *mis*
Condé au cercueil, il appelle les peuples, les princes,
les prélats, les guerriers au catafalque du héros; lorsqu'enfin, s'avançant lui-même avec ses cheveux qu'ont
blanchis les quelque soixante ans qu'il a *vécu*, il fait
entendre les accents du cygne, montre Bossuet un pied

dans la tombe et le siècle de Louis, où se sont *trouvées réunies* toutes les gloires, et dont il a l'air de faire les funérailles, près de s'abîmer dans le gouffre sans fond de l'éternité; à ce dernier effort, un des plus grands assurément qu'ait *faits* l'éloquence humaine, les larmes de l'admiration se sont *échappées* de nos yeux, et le livre est *tombé* de nos mains.

LXXI

LES PIERRES.

La plupart des naturalistes distinguent deux sortes de pierres : les pierres précieuses et les pierres communes. Les pierres précieuses sont diaphanes ou opaques. De toutes les transparentes, la plus *recherchée* est le diamant; quant aux autres, elles se sont *disputé* la seconde place, et l'ont *obtenue* tour à tour selon le caprice de la mode ou le goût des particuliers. Les pierres communes sont très-nombreuses et offrent des avantages que tout le monde apprécie. Nous les avons *placées* les unes sur les autres pour nous faire des abris, nous les avons *rangées* côte à côte pour affermir nos routes, et pour diligenter les transports perpétuels qui se font d'un pays à l'autre. C'est encore dans ces pierres que nous avons *trouvé* une matière propre à illustrer et à conserver, par des monuments durables, l'histoire des nombreux siècles qui se sont *succédé* avant le nôtre. Le marbre, sous le ciseau du sculpteur, a *pris* toutes les formes qu'on a *voulu* lui donner. Nous avons *pu* par ce moyen faire revivre au milieu de nous ceux qui se sont *dévoués* au service de la patrie, montrer du doigt ceux dont la connaissance nous intéresse, jouir de la vue de leurs traits et avoir toujours sous les yeux les exemples utiles qu'ils ont *donnés*.

LXXII

MONTAIGNE.

Tous les siècles où l'esprit humain s'est *perfectionné* par la culture des arts, ont *produit* des hommes supérieurs qui ont *reçu* la lumière, l'ont *répandue*, et ont été plus loin que leurs contemporains, en suivant les mêmes traces. Quelque chose de plus rare, c'est un génie qui n'ait rien *dû* à son siècle, ou plutôt qui, malgré son siècle, par la seule force de sa pensée, s'est *placé* de lui-même à côté des écrivains les plus polis : tel a été Montaigne. Penseur profond sous le règne du pédantisme, auteur brillant et ingénieux dans une langue tout informe et toute grossière, il a *écrit* avec le secours de la raison et des anciens. Son ouvrage [1] est *resté*, et a *fait* seul toute la gloire littéraire d'une époque ; et lorsque, après de longues années, sous les auspices de quelques génies sublimes qui se sont *élancés* à la fois, est enfin *arrivé* l'âge du goût et du talent, cet ouvrage, longtemps unique, est *demeuré* toujours original ; et la France, qu'ont *enrichie* tout à coup tant de brillantes merveilles, ne s'est pas *refroidie* pour ces antiques et suaves beautés. Un siècle nouveau a *succédé*,

1. Les *Essais*.

ssi fameux que le précédent, plus *éclairé* peut-être, plus *exercé* à juger, plus difficile à satisfaire, parce qu'il a *pu* comparer davantage; cette seconde épreuve n'a pas été moins favorable à la gloire de Montaigne : on l'a mieux *entendu*, on l'a *imité* plus hardiment, il a *servi* à rajeunir la littérature qui commençait à s'épuiser; il a *inspiré* nos illustres écrivains; et ce philosophe du siècle de Charles IX semble *fait* pour instruire le XVIII° siècle.

LXXIII

LES LÉGENDES.

Les légendes sont des mensonges; mais ces mensonges ont leur racines *implantées*, pour ainsi dire, dans la vérité. La vie de nos pères nous apparaît au travers de ces peintures transparentes. Nous nous la rappelons sans l'avoir *connue;* et, tout jeunes, nous apprenons à aimer religieusement les hommes d'autrefois. Pure, abondante et originale entre toutes, la légende chrétienne offre les plus hautes leçons de la religion *unies* aux plus délicieuces créations que nous ait *léguées* la poésie. Il faudrait, en vérité, bien du courage pour mépriser ces croyances tout innocentes qui ont *ému* tant d'âmes, et qui les ont *charmées* pendant une si longue suite de siècles. Ne semble-t-il pas que tout ce qu'elles peuvent renfermer même de puéril s'exalte et se sanctifie pour avoir été l'objet de la foi qu'ont *professée* nos pères? Aussi ont-elles *gardé* un autel dans le plus beau des temples, dans le cœur du peuple !

Il manque même quelque chose à la gloire humaine
des saints que n'a pas *entourés* cette popularité touchante, et à celle des martyrs qui n'ont pas *reçu*, en
même temps que les hommages de l'Église, ce tribut
d'humble amour et d'intime confiance qui se paye sous
le chaume, au coin du feu et à la veillée, de la bouche
du cœur des simples et des pauvres.

LXXIV

ESCHYLE.

La tragédie était encore toute grossière quand Eschyle l'a *prise* pour la porter à cette hauteur où, avec
quelques légères améliorations, toute sa gloire a été
de se soutenir. Ce progrès rapide et extraordinaire, qui
cependant s'est *reproduit* dans la soudaine création de
notre théâtre, a *fait* penser que les tragédies d'Eschyle
n'avaient point d'abord *paru* telles que nous les lisons
aujourd'hui, que, *retouchées* par ses fils, elles avaient
pu, tout en conservant leur originalité primitive et
leur rude écorce, recevoir cette magnificence de coloris et cette correction qui percent au milieu même
des négligences ou des hardiesses qui s'y remarquent.
Mais ces remaniements, quelque nombreux et quelque
habiles qu'on les ait *supposés*, ne peuvent cependant
en rien diminuer la gloire d'Eschyle et cette puissance
d'invention qu'il a *laissé* voir dans ses tragédies. Avant
Eschyle, la fable n'avait été que la partie accessoire de
la tragédie; Eschyle en a *fait* la partie principale; il l'a
rattachée et *unie* aux chœurs, de manière à n'en for-

mer qu'un tout. A l'acteur *ajouté* au chœur par Thespis, il a *adjoint* un interlocuteur, a *créé* ainsi le dialogue, et a *remplacé* ou plutôt *suspendu* la présence du chœur, jusque-là continue et nécessaire. Sophocle a été plus loin; il a *établi* un troisième, et quelquefois même un quatrième acteur; facile, mais heureuse amélioration qu'Eschyle lui a *empruntée* à son tour. Eschyle a *perfectionné* ce qu'il n'avait point *inventé* : les masques et les costumes; il les a *rendus* plus décents et plus *appropriés* à la fable et aux personnages.

LXXV

ANNIBAL.

Annibal est un des plus grands capitaines qu'ait *produits* l'antiquité : si ce n'est pas celui que l'on aime le mieux, c'est celui qui étonne le plus. Il n'a *eu* ni l'héroïsme d'Alexandre ni les talents universels qu'à *possédés* César; mais il les a *surpassés* l'un et l'autre comme homme de guerre. Ordinairement l'amour de la patrie ou la gloire enfante les héros et les mène aux prodiges : Annibal seul a été *guidé* par la haine. *Livré* à ce génie d'une nouvelle espèce, il est *parti* des extrémités de l'Espagne avec une armée que composaient vingt peuples divers. Il a *franchi* les Pyrénées et les Gaules, a *dompté* les nations ennemies qu'il a *trouvées* sur son passage, a *traversé* les fleuves les plus rapides, et est *arrivé* au pied des Alpes. Ces montagnes sans chemins, *défendues* par des barbares, ont en vain *opposé* leur barrière à Annibal. Il est *tombé* de leurs sommets *glacés* sur l'Italie, a *écrasé* la première armée consulaire sur les bords du Tésin, a *frappé* un second coup à la Trébie, un troisième à Trasimène, et du quatrième coup de son épée il a, pour ainsi dire, *immolé* Rome dans la plaine de Cannes. Seize années durant il a *fait* la guerre sans secours au sein de l'Italie. Infatigable dans les périls, inépuisable dans ses ressources, fin, ingénieux, éloquent, savant même, Annibal a *eu* toutes les distinctions que donnent la supériorité de l'esprit et la force du caractère; mais il a *manqué* des hautes qualités du cœur : froid, cruel, sans entrailles, il était *né* pour renverser et non pour fonder des empires.

LXXVI

LE COCOTIER.

Le cocotier est une sorte de palmier. Son fruit ne s'entr'ouvre point par une suture, comme nos noix; mais le germe sort par l'un des trois petits trous que la nature a *ménagés* à son extrémité, après les avoir *recouverts* d'une mince pellicule. Le cocotier est l'arbre des pays méridionaux, comme le sapin est l'arbre du nord, et le dattier celui des montagnes *brûlées* de la Palestine. Quant aux personnes qui se sont *figuré* que la nature, en élevant si haut le fruit lourd du cocotier, s'est *écartée* de la loi qui fait ramper la citrouille, elles ne se sont pas *donné* la peine de remarquer que le cocotier n'a qu'une petite tête qui donne fort peu d'ombre : on n'y va point, comme sous les chênes, chercher l'ombrage et la fraîcheur. Pourquoi ne pas observer qu'aux Indes, comme en Europe, les arbres qui nous donnent des fruits sont d'une hauteur médiocre, afin que ces fruits puissent tomber à terre sans se briser; qu'au contraire, ceux qui portent des fruits durs, comme le coco, la châtaigne, le gland, la faîne, la noix, sont fort *élevés*, parce que leurs fruits en tombant, n'ont rien à risquer. Ainsi, la nature, que l'homme a si souvent *accusée* d'imprévoyance, lui a *ménagé* à la fois sa nourriture et son abri.

LXXVII

L'AMOUR FRATERNEL.

De tous les amours que le Créateur a *déposés* dans le cœur de l'homme, il n'en est pas de plus suave, de plus consolant que l'amour fraternel; et cet amour est presque toujours l'heureuse conséquence de la bonne éducation qu'ont *donnée* les parents; les enfants qu'on a *élevés* avec sagesse et avec douceur ne manquent jamais de le posséder. Quoique l'amour fraternel exige des identités de goût, il admet aussi des contrastes sans lesquels il ne saurait subsister. La nature en a *établi* parmi les frères en les faisant naître les uns après les autres, et quelquefois à des intervalles tels que le premier aura *atteint* la jeunesse, tandis que les autres seront à peine dans l'adolescence. Mais, ces différences, loin d'affaiblir l'amour fraternel, l'ont toujours *fortifié*. Il en est d'une famille *composée* de frères inégaux en âge, en caractères, en talents, comme de la

main, *formée* de doigts de diverses longeurs, qui
s'entr'aident beaucoup plus que s'ils étaient de force
et de grandeur égales.

LXXVIII

LA SAINTE VIERGE APRÈS L'ASCENSION DE SON FILS.

Après l'ascension du Sauveur et la descente du Saint-
Esprit, la sainte Vierge est *demeurée* encore assez longtemps sur la terre. Une ancienne tradition, qu'a *suivie*
saint André de Crète, suppose qu'elle est *parvenue* à
une extrême vieillesse, c'est-à-dire selon le sentiment
le plus commun, qu'elle est *morte* à l'âge d'environ
soixante-douze ans, vingt-trois ans après l'ascension de
Jésus-Christ. On pourrait s'étonner que Notre-Seigneur,
qui avait pour elle un si grand amour, ne l'ait pas
emmenée avec lui dans le ciel le jour de l'Ascension,
qu'il l'ait *tenue* si longtemps *éloignée* de sa présence
sensible, et l'ait *privée* de la gloire que méritait son
incomparable sainteté; mais il est aisé de comprendre
les grandes raisons de la conduite qu'a *tenue* Notre-
Seigneur envers sa sainte Mère : d'abord, par ce délai,
il lui a *donné* lieu d'augmenter ses mérites, et de gagner
une couronne incomparablement plus belle et plus
éclatante que celle qu'elle aurait *eue* si elle eût été
retirée du monde dès le temps de l'Ascension; ensuite,
par ce délai, Notre-Seigneur a *procuré* de très-grands
biens à l'Église naissante, en lui laissant, dans la personne de cette auguste Vierge, une mère pour l'élever,
un modèle pour la former, un soutien pour l'encoura-

ger et la fortifier, au milieu des persécutions qu'ont *exercées* contre elle les Juifs et les Gentils. C'est elle, en effet, comme l'ont *remarqué* les saints docteurs, qui a *découvert* aux apôtres et aux évangélistes les plus grands secrets de la vie *cachée* de son Fils, qui a *encouragé* les premiers martyrs, qui a *inspiré* aux vierges et aux veuves l'amour de la pureté; et l'on ne saurait dire combien sa présence a *servi*, dans ces commencements du christianisme, à soutenir les ouvriers évangéliques, à édifier les néophytes, à régler leurs mœurs et à établir la véritable piété.

LXXIX

LES CAVEAUX DE SAINT-DENIS.

Les caveaux de Saint-Denis, que Dagobert Ier avait *fondés* au septième siècle pour servir de sépulture aux princes qui régneraient après lui, n'ont cependant pas toujours *reçu* cette destination. Les derniers Mérovingiens *exceptés*, presque tous les souverains de la seconde dynastie ont *trouvé* ailleurs des tombeaux; mais depuis Hugues-Capet, Philippe Ier est le seul roi qui ait été *enseveli* dans une autre église. Presque toutes les tombes royales, qui ont *subsisté* pendant dix siècles et demi sous ces voûtes somptueuses, étaient *ornées* de sculptures représentant l'effigie du prince *mort, étendu* sur un riche coussin et les mains *jointes* sur la poitrine. Parmi ces monuments funéraires, que les chroniqueurs se sont *complu* à nous décrire, se distinguaient les mausolées de Charles le Chauve, de Louis XII et

de Henri II. La violation de ce grand ossuaire des trois
races qui se sont *succédé* sur le trône de France, lors
même qu'elle ne serait pas le résultat de la plus horrible profanation qu'il y ait jamais *eu*, serait encore à
jamais regrettable, comme ayant *détruit* sans retour un
des plus grands monuments historiques qu'aient jamais
amassés les siècles.

———

LXXX

RÉFLEXIONS SUR LA SECONDE GUERRE PUNIQUE.

La seconde guerre punique est une des plus fameuses
qu'il y ait *eu* dans l'antiquité; quand on examine cette
foule d'obstacles qui se sont *présentés* devant Annibal,
et que cet homme extraordinaire a *surmontés*, on a
un des plus beaux spectacles que nous ait *fournis* l'antiquité. Rome fut un prodige de constance; après les
journées du Tésin, de la Trébie et de Trasimène; après
celle de Cannes, plus funeste encore, *abandonnée* de
presque tous les peuples de l'Italie, elle ne demanda
point la paix. C'est que le sénat ne se départait jamais
des maximes anciennes : cette assemblée agissait avec
Annibal comme on l'avait *vue* agir autrefois avec Pyrrhus, à qui elle avait *refusé* de faire aucun accommodement tant qu'il serait en Italie. Rome fut *sauvée* par
la force de son institution. Après la bataille de Cannes,
il ne fut pas *permis* aux femmes de verser des larmes.
Le sénat refusa de racheter les soldats qui s'étaient
laissé faire prisonniers, et envoya les misérables restes

de l'armée faire la guerre en Sicile, sans récompense ni aucun honneur militaire, jusqu'à ce qu'Annibal fût *chassé* de l'Italie.

LXXXI

L'ÉGLISE ET LA SCIENCE.

Durant les longues calamités qui ont *accompagné* et *suivi* la chute de l'empire romain, les sciences n'ont *eu* d'autre retraite que le sanctuaire de cette Église qu'elles ont *profané* depuis avec tant d'ingratitude. *Recueillies* dans le sanctuaire des cloîtres, elles ont *dû* leur salut à ces mêmes solitaires qu'elles ont *affecté* ensuite de mépriser. Les Bacon et les Albert ont *ressuscité* dans leurs veilles le génie des Hipparque et des Ptolémée. *Protégées* par les papes, qui ont *donné* l'exemple aux rois, les sciences se sont enfin *envolées* de ces lieux sacrés où la religion les avait *réchauffées* sous ses ailes. L'astronomie s'est *vue* renaître de toutes parts : Grégoire XIII a *réformé* le calendrier ; Copernic a *rétabli* le système du monde ; Tycho-Brahé, au haut de sa tour, a *rappelé* la mémoire des antiques observateurs babyloniens. Mais Dieu a *confondu* encore l'orgueil de l'homme en accordant aux jeux de l'innocence des choses qu'il avait *refusées* aux recherches de la philosophie : des enfants ont *découvert* le télescope. Galilée a *perfectionné* l'instrument nouveau ; alors les chemins de l'immensité se sont *abrégés*, le génie de l'homme a *abaissé* la hauteur des cieux, les astres sont pour ainsi dire *descendus* et se sont *laissé* mesurer.

LXXXII

CH. NODIER A CH. DE CHÉNEDOLLÉ (LETTRE).

Mon cher ami,

Il faut que votre cœur fasse encore bien illusion à votre imagination, pour que vous ayez *pu* conserver un aussi agréable souvenir du peu d'heures que nous avons *passées* ensemble. Vous n'avez *trouvé* chez nous que des sentiments, quand j'aurais *voulu* vous y donner des plaisirs. Grâce au Ciel, il n'y a rien d'aussi indulgent que la supériorité, et j'ai *remarqué* dans trois ou quatre hommes de mon temps qui m'ont honoré de leur amitié, que le génie est de meilleure composition que l'esprit dans le choix de ses jouissances.

Je voudrais bien répondre à vos bontés pour nous en vous adressant les petits riens que vous avez *eu* la complaisance de désirer, mais, ces recherches ne vont pas à ma solitude, que je circonscris de plus en plus entre mon grabat et mes tisons; j'ai donc *remis* ce soin à ma fille, la grande maréchale de mon modeste palais; et comme les femmes ne vous oublient pas plus que les hommes, vous aurez bientôt de ses nouvelles, si elle ne s'est pas *saisie*, par avancement d'hoirie, du seul héritage que j'aie à lui laisser, la paresse paternelle. Vous me demandez ce que je fais. Eh! que voulez-vous que je fasse, mon cher ami? Je me repose tant que je peux du passé et du présent, en attendant le repos infaillible de l'avenir, qu'aucune puissance humaine ne saurait me disputer. J'écris au coin de mon feu, pendant le jour, pour me tenir *éveillé*, les contes de Fées que je compose pendant la nuit pour m'endormir, et je trouve en me couchant que j'ai *vécu* un jour de plus, ce qui est une grande conquête sur le temps.

Je vous quitte à regret pour me plonger dans d'assez tristes rêveries. Le mauvais état de ma santé s'est tellement *aggravé* depuis trois jours, qu'il ne m'a pas *fallu* moins pour vous écrire ce petit nombre de lignes. Puissent-elles vous trouver mieux portant, plus heureux que moi, et bien *convaincu* que personne ne vous est plus *attaché* que votre inviolable ami !

LXXXIII

LES DUNES AUX ENVIRONS DE DUNKERQUE.

Les dunes sont de grandes collines de sable mouvant; celles que j'ai *observées* près de Dunkerque, s'étendent le long de la mer sur un parcours de plusieurs kilomètres; leur aspect uniforme et l'aridité du sol contrastent singulièrement avec les champs riants et fertiles de la Flandre. Ces monceaux de sable, qui s'élèvent quelquefois à plus de quinze mètres au-dessus du niveau de la mer, se présentent à l'œil comme des flots orageux : on dirait qu'une main toute-puissante s'est *plu* à changer en sable les eaux de la mer, au moment d'une tempête; l'œil n'y découvre que quelques petites plantations, tout le reste est sable, ce qui donne à la contrée un air triste et sauvage. A cette vue, le voyageur n'éprouve que des sensations mélancoliques ; surtout lorsqu'il apprend que souvent ces

dunes, s'élevant en nuages épais, sont *venues* fondre
sur les champs *cultivés,* les ont *frappés* de stérilité et
ont *enseveli* pour jamais maintes habitations. Au milieu
de ces masses mouvantes, on se croirait loin de toute
terre *habitée :* il n'est pas un seul endroit où se soient
conservées les traces de l'homme. Un horizon bleuâtre
qui s'étend au delà de la mer et semble se terminer
aux extrémités mêmes du monde, achève l'illusion.
Tout est inanimé autour du voyageur, tout est immobile *excepté* les vagues de la mer qui se soulèvent au
loin, s'approchent du rivage en mugissant, et bientôt
disparaissent pour faire place à d'autres.

LXXXIV

RIVALITÉ DE ROME ET DE CARTHAGE.

Rome, pareille à l'aigle, son redoutable symbole, a
étendu largement ses ailes, a *déployé* puissamment ses
serres, a *saisi* la foudre et s'est *envolée.* Carthage était
le soleil du monde, c'est sur Carthage que se sont *fixés*
ses yeux. *Assises* sur les deux rives opposées de la
Méditerranée, les deux cités se sont *regardées* en face.
Cette mer n'a plus *suffi* pour les séparer. L'Europe et
l'Afrique ont *pesé* l'une sur l'autre. Comme deux nuages
surchargés d'électricité, elles se sont *côtoyées* de trop
près. Elles ont été se mêler dans la foudre. Bientôt la
guerre a *éclaté.* Rome a *copié* grossièrement la marine
de sa rivale. Rome a *heurté* Carthage dans la Sicile.
Peu à peu le champ de bataille s'est *agrandi,* le monde
a *pris* feu. Les deux colosses se sont *attaqués* corps

corps, ils se sont *pris, quittés, repris*. Ils se sont *cher-chés* et se sont *repoussés*. Carthage a *franchi* les Alpes ; Rome a *passé* les mers. Les deux peuples, *personnifiés* en deux hommes, Annibal et Scipion, se sont *étreints* et se sont *acharnés* pour en finir. Ç'a été un duel à outrance, un combat à mort. Rome a *chancelé*, elle a *poussé* le cri d'angoisse : ANNIBAL A NOS PORTES !... Mais elle s'est *relevée*, a *épuisé* ses forces pour un dernier coup, s'est *jetée* sur Carthage et l'a *effacée* du monde.

LXXXV

ÉDUCATION DES JEUNES FILLES A PORT-ROYAL.

Une chose qui rendait cette maison une des plus recommandables qu'il y ait jamais *eu*, et qui peut-être lui a *attiré* la plus grande partie de la jalousie qu'elle a *encourue*, c'est l'excellente éducation qu'on y donnait à la jeunesse. Il n'y a jamais *eu* d'asile où l'innocence et la pureté aient été plus à l'abri de l'air contagieux du siècle, ni d'école où les vérités du christianisme aient été plus solidement *enseignées*. Les leçons de piété que j'y ai *entendu* donner aux jeunes filles faisaient d'autant plus d'impression sur leur esprit, qu'elles les voyaient *appuyées* non-seulement de l'exemple de leurs maîtresses, mais encore de celui de toute une grande communauté uniquement *occupée* à louer et à servir Dieu. Mais on ne se contentait pas de les élever à la piété, on prenait un très-grand soin de leur former l'esprit et la raison, et l'on travaillait à les rendre éga-lement capables d'être un jour ou de parfaites religieuses ou d'excellentes mères de famille. On pourrait citer un grand nombre de jeunes filles *élevées* dans ce monastère qui ont depuis *édifié* le monde par leur sagesse et par leur vertu. On sait avec quels sentiments d'admiration et de reconnaissance elles ont toujours *parlé* de l'éducation qu'elles y avaient *reçue*, et il s'en est *trouvé* qui ont *conservé* au milieu du monde et de la cour, pour les restes de cette maison affligée, cet amour que les anciens Juifs avaient *gardé*, dans leur captivité, pour les ruines de la ville qui les avait *vus* naître. Cependant, quelque sainte que fût cette maison, une prospérité plus longue y aurait peut-être à la fin *introduit* le relâchement; et Dieu, qui voulait non-seulement l'affermir dans le bien, mais la porter encore à un plus haut degré de sainteté, a *permis* qu'elle fût *exercée* par les plus grandes tribulations qu'ait jamais *éprouvées* aucune maison religieuse.

———

LXXXVI

L'ABEILLE ET LA MOUCHE.

Un jour une abeille aperçut une mouche que le hasard ou la curiosité avait *amenée* près de sa ruche. « Que viens-tu faire ici? lui dit-elle d'un ton où éclataient la suffisance et l'impertinence. Vraiment, il te sied bien, vil animal, de te mêler avec celles qui ont été *créées* les reines de l'air? — Ce que tu dis est fort sensé, répondit la mouche avec un flegme, un sang-froid imperturbable : on a tort de s'approcher d'une nation comme la vôtre qui ne s'est *distinguée* que par sa fougue. — Jamais, dit l'abeille, on ne nous a *surpassées* en sagesse : nous seules avons des lois ; nous ne recueillons le suc que des fleurs odoriférantes, et le miel que nous faisons procure de vraies délices au palais qui le savoure. Ôte-toi donc au plus tôt de ma présence, vilaine mouche importune, qui ne fais que bourdonner et chercher ta vie sur des ordures qui nous dégoûtent. — Nous vivons comme nous pouvons, répondit la mouche : ce n'est pas un vice d'être pauvre, mais c'en est un grand de se mettre en colère, ne fût-ce qu'un instant. Vous faites du miel qui est doux, je ne le nierai pas, mais votre cœur a continuellement quelque chose d'amer ; vos lois sont sages, je l'avouerai encore ; mais qui n'a *remarqué* le peu de retenue que vous avez toujours *montré* dans votre conduite ? Croyez-moi, il vaut mieux avoir des qualités moins brillantes et un peu plus de modération.

LXXXVII

LA LUTTE.

Un Thébain et un Argien se sont *avancés* dans le stade : ils se sont *approchés*, se sont *mesurés* des yeux, et se sont *empoignés* par les bras. Appuyant leurs fronts l'un contre l'autre, ils se sont *poussés* avec une action égale : on les eût *crus* immobiles ; ils se sont *épuisés* en efforts superflus ; puis, ils se sont *ébranlés* par des secousses violentes, se sont *entrelacés* comme des serpents, se sont *allongés*, se sont *raccourcis*, se sont *pliés* en avant, en arrière, sur les côtés ; une sueur abondante coulait de leurs membres *affaiblis*. Ils se sont *donné* un instant de repos, puis ils ont *recommencé :* ils se sont *saisis* par le milieu du corps et ont *employé* de nouveau toute la ruse et toute la force qu'ils ont *pu*. Le Thébain a *enlevé* son adversaire, mais il a *plié* sous le poids; ils sont *tombés*, se sont *roulés* dans la poussière, et ont *repris* tour à tour le dessus. A la fin, le Thébain, par l'entrelacement de ses jambes et de ses bras, a *suspendu* tous les mouvements de son adversaire, qu'il tenait sous lui; il l'a *serré* à la gorge et l'a *forcé* à lever la main pour marque de sa défaite. Cela n'a cependant pas *suffi* pour obtenir la couronne; il a *fallu* que le vainqueur terrassât deux fois son rival. L'Argien a *eu* l'avantage dans la seconde action; mais le Thébain a *repris* le sien dans la troisième : il a été *proclamé* vainqueur.

LXXXVIII

DES TOURS INGÉNIEUX.

J'entends, par tours ingénieux, les bons mots, les traits, les saillies, ces pensées fines et délicates, que j'ai quelquefois *entendu* exprimer. Leur caractère est la gaîté : tantôt ils énoncent des vérités qui agréent aux personnes auxquelles on parle, tantôt ils répandent le ridicule. Souvent un tour ingénieux n'est qu'une réflexion plaisante. Telle est celle-ci de madame de Sévigné : « Il n'y a rien qui ruine comme de n'avoir point d'argent. » Il peut même ne se trouver que dans une expression qui surprend parce qu'on ne l'avait pas *attendue,* et qu'on approuve à cause de sa justesse. Madame de Sévigné dit à sa fille dans une de ces lettres charmantes qu'elle nous a *laissées :* « La bise de Grignan me fait mal à votre poitrine. » Un mot peut être ingénieux par une allusion, lorsque ce qu'on dit fait entendre ce qu'on ne dit pas... Le cardinal de Richelieu rencontrant le duc d'Épernon sur l'escalier du Louvre, lui demanda s'il n'y avait rien de nouveau : « Non, dit le duc, sinon que vous montez et que je descends. » Un bon mot n'est quelquefois qu'une réponse fort simple; mais qu'on n'avait pas *prévue.* Le cardinal de Richelieu ayant *rendu* à Vaugelas sa pension, qu'on avait *cessé* de lui faire, lui dit : « Vous n'oublierez pas dans le Dictionnaire le mot pension : — Non, monseigneur, dit Vaugelas, et encore moins celui de reconnaissance... »

LXXXIX

LES GROTTES DE BALME (AIN).

Ces grottes, que nous avons *visitées* hier même, sont situées au pied d'un rocher, au haut duquel se voyait jadis la Chartreuse de Pierre Châtel. *Munis* des flambeaux qu'on nous avait bien *recommandé* de prendre, nous en avons *parcouru* tous les vastes détours; nous sommes *entrés* par un vestibule de dix mètres de haut sur vingt de large; au bout de ce vestibule, la voûte et le sol s'abaissent; nous sommes *descendus* dans les véritables grottes par une rampe beaucoup plus rapide que nous ne nous l'étions *imaginé,* et que la nature a *taillée* en zigzag ; des voûtes en dôme, en berceau s'y sont *disputé* nos regards ; elles sont toutes *ornées* d'une infinité de bas-reliefs, que nous avons *trouvés* fort beaux. Les parois et le plancher sont *décorés* de stalactites diaphanes et de formes variées. Ici, c'est une broderie légère ; là, ce sont des ramifications plus saillantes, des feuilles de lierre et d'acanthe, *entrelacées* avec une élégance que les artistes les plus intelligents ont vainement *essayé* de reproduire ; plus loin, des figures que le ciseau de la nature semble avoir à dessein grossièrement *sculptées;* des ornements dans le goût gothique, des groupes, des pyramides d'inégale grandeur, des amas de cylindres que terminent des aiguilles *taillées* à six pans, comme du cristal de roche ; enfin, toutes les variétés accidentelles qu'offrent la plupart des grottes les plus renommées.

XC

OU L'HUMANITÉ A PLACÉ LE BONHEUR.

L'imagination humaine n'a *pu* rêver, dans tous les paradis qu'elle s'est *créés*, quelque chose de mieux qu'un jardin terrestre ou céleste : une place au soleil, *abritée* contre les méchants, *embellie* par la végétation, *vivifiée* par les oiseaux du ciel et par les animaux amis de l'homme, *sanctifiée* par le travail des mains, *divinisée* par la présence *sentie* du Créateur, *habitée* enfin par la famille, par l'amour, par l'amitié, par une succession de générations éternelles ! C'est là que l'humanité a *placé* le bonheur ; et n'est-ce pas là aussi que nous devons nous obstiner à le chercher? A le chercher, non pas impermutable et complet comme dans nos rêves, mais à le chercher du moins dans les imparfaites et courtes images où Dieu nous a *permis* de l'entrevoir, par place et par moment, ici-bas?

XCI

DE LA MOQUERIE.

La moquerie est un penchant qui provient d'un fonds d'orgueil et de méchanceté; elle est le résultat de cette joie cruelle et antichrétienne que nous avons *éprouvée* à l'idée des souffrances que nous avons *vues* affliger nos semblables. C'est une réaction de notre amour-propre contre les ridicules ou les défauts que nous avons *cru* apercevoir dans les autres, et que nous nous sommes *plu* à relever. C'est l'arme du faible contre le fort, la ressource des petits contre les grands. Les esprits vraiment distingués, les cœurs honnêtes ne se sont jamais *moqués* de personne. L'homme intelligent et bon a *gémi* des fautes auxquelles ses semblables se sont *laissés* aller; il les a *plaints* des malheurs dont ils ont été *frappés* : il n'y a que le méchant et le sot qui s'en soient *ri*. Partout où la moquerie, cette fille aînée de la vanité, est *devenue* générale, l'homme a *perdu* sa force et sa dignité naturelles; le respect pour la morale s'est *affaibli*, la source des inspirations généreuses s'est *tarie*, et l'on a *fini* par rougir de ce qu'il y a de plus sacré dans le cœur de l'homme, de plus grand et de plus consolant dans la conscience, je veux dire l'amour de la famille et le sentiment de la Divinité.

XCII

UN INCENDIE.

Vous saurez, ma chère fille, qu'hier au soir, mercredi, après être *revenue* de chez M. de Coulanges, j'ai *songé* à me coucher; cela n'est pas très-extraordinaire; mais ce qui l'est beaucoup, c'est qu'à trois heures et demie après minuit, j'ai *entendu* crier au feu! au feu! Je me suis *levée* toute tremblante, et j'ai *vu* la maison de Guitaud, mon voisin, tout en feu; c'étaient des cris, c'était une confusion, c'était un bruit épouvantable de poutres et de solives qui tombaient. J'ai *envoyé* mes gens au secours; M. de Guitaud m'a *envoyé* une cassette de ce qu'il a de plus précieux; je l'ai *mise* dans mon cabinet, et puis j'ai *voulu* aller dans la rue pour béer comme les autres : j'y ai *trouvé* M. et madame de Guitaud demi-nus, l'ambassadeur de Venise, tous ses gens, la petite de Vanvineux qu'on portait tout *endormie* chez l'ambassadeur. Ce pauvre Guitaud faisait pitié; il voulait aller sauver sa mère qui brûlait au troisième étage; sa femme le retenait; il s'est cependant *échappé* : il a *trouvé* que sa mère avait *passé* au travers de la flamme, et qu'elle était *sauvée*. On a *jeté* de l'eau sur le reste de l'embrasement, et enfin le combat a *fini* faute de combattants, c'est-à-dire après que le premier et le second étage ont été entièrement *consumés*. Voilà les tristes nouvelles de notre quartier; je vous souhaite tous les biens, et je prie Dieu qu'il vous garantisse de tous les maux.

D'après Mme DE SÉVIGNÉ.

XCIII

LES COULEURS.

Les admirables rapports qu'a *établis* la sagesse divine entre la lumière et les surfaces des différents corps, d'où naissent les couleurs, méritent toute notre attention. Un rayon qui tombe sur un prisme de verre s'y rompt et s'y divise en sept rayons principaux qui portent chacun leur couleur propre. L'image oblongue que produit cette sorte de réfraction présente donc sept bandes colorées et *distribuées* dans un ordre constant. Voici comment sont *disposées* ces couleurs, à compter de la partie inférieure de l'image : violet, indigo, bleu, vert, jaune, orangé, rouge. Ces bandes ne tranchent point, mais l'œil passe graduellement des unes aux autres. Aux sept rayons qu'a *divisés* le prisme, présentez une lentille, vous les réunirez de nouveau en un seul rayon qui vous offrira une image ronde d'un blanc éclatant. Vous admirez cet arc-en-ciel superbe qui vous retrace en grand les couleurs du prisme; la beauté et la vivacité de ses nuances vous ravissent; vous vous êtes peut-être *figuré* que la nature a *dû* faire une grande dépense pour composer cette riche ceinture que vous avez *vue* flotter dans les airs : détrompez-vous, quelques gouttes d'eau où la lumière s'est *rompue* et s'est *réfléchie*, sous différents angles, ont seules formé cette magnifique écharpe.

XCIV

INVENTIONS DES ÉGYPTIENS.

L'Égypte est sous un ciel toujours pur et sans nuages; aussi les Égyptiens sont les premiers qui aient *observé* le cours des astres; ils sont aussi les premiers qui aient *réglé* l'année. Ces observations les ont *jetés* naturellement dans l'arithmétique; et, s'il est vrai, comme le dit Platon, un des plus grands philosophes qu'il y ait *eu* dans l'antiquité, que le soleil et la lune aient *enseigné* aux hommes la science des nombres, les Égyptiens sont les premiers qui aient *écouté* ces merveilleux maîtres. Quant aux planètes et aux autres astres, ils ne les ont pas moins *connus;* et, ils ont *trouvé* cette grande année qui ramène tout le ciel à son premier point. Pour reconnaître leurs terres, tous les ans *recouvertes* par le débordement du Nil, ils ont été *obligés* de recourir à l'arpentage, qui bientôt les a *conduits* à la géométrie. Ils étaient grands observateurs de la nature, qui était forte et féconde chez eux; c'est aussi ce qui leur a *fait* inventer ou perfectionner la médecine. Ainsi, toutes les sciences ont été en grand honneur parmi eux. Les inventeurs des choses utiles recevaient d'ailleurs les récompenses qu'avaient *méritées* leurs travaux. Le premier de tous les peuples chez qui l'on voie des bibliothèques est encore celui d'Égypte. Le titre qu'on donnait à ces bibliothèques inspirait l'envie d'y entrer et d'en pénétrer les secrets : on les appelait LE TRÉSOR DES REMÈDES DE L'AME. Ces remèdes guérissaient, en effet, de l'ignorance, la plus dangereuse de toutes les maladies et la source de toutes les autres.

XCV

CAUSES DE LA GRANDEUR ET DE LA DÉCADENCE DE TYR.

D'où vient que les Phéniciens se sont *rendus* les maîtres du commerce de toute la terre, et qu'ils se sont *enrichis* aux dépens de tous les autres peuples? Vous allez le voir : la situation de Tyr était heureuse pour le commerce. C'est cette ville qui a *inventé* la navigation, qu'elle a *su* tourner à son profit; les Tyriens sont les premiers qui ont *osé* se mettre dans un frêle vaisseau, à la merci des vagues et des tempêtes, qui ont *sondé* les abîmes de la mer, qui ont *observé* les astres loin de la terre, qui enfin ont *réuni* une multitude de peuples que la mer avait *séparés*. Les Tyriens se sont *distingués* par leur industrie, leur patience, leur travail, leur propreté, leur sobriété et leur économie; ils ont *eu* une police exacte; ils ont été parfaitement d'accord entre eux; jamais nation ne s'est *montrée* plus constante, plus sincère, plus fidèle, plus sûre, plus commode à tous les étrangers. Voilà ce qui leur a *donné* l'empire de la mer, ce qui a *fait* fleurir dans leurs ports un commerce si utile. Mais plus tard la division et la jalousie se sont *mises* entre eux; ils se sont *laissé* amollir par les délices et l'oisiveté; les premiers de la nation ont *méprisé* le travail et l'économie; les arts ont *cessé* d'être *honorés* dans leur ville; ils ont *manqué* de bonne foi envers les étrangers; ils ont *altéré* les règles d'un commerce libre; ils ont *négligé* leurs manufactures, et ils ont *cessé* de faire les grandes avances qui étaient nécessaires pour rendre leurs marchandises parfaites; alors est *tombée* cette puissance qu'on avait *vue* s'élever si rapidement.

XCVI

LA NATURE CULTIVÉE.

Que la nature *cultivée* est belle! que, par ses soins, l'homme l'a *rendue* brillante! qu'il l'a pompeusement *parée!* Il a *perfectionné* les fleurs, les fruits, les grains, et les a *multipliés* à l'infini; il a *transporté* les espèces utiles d'animaux, il les a *propagées, augmentées* sans nombre; il a *réduit* les espèces nuisibles, il les a *confinées, reléguées;* l'or et le fer étaient *enfouis* dans les entrailles de la terre, il les en a *tirés;* les torrents étaient *épandus*, il les a *contenus;* il a *dirigé* les fleuves, il les a *encaissés, resserrés;* il a *soumis* la mer même, il l'a *reconnue, traversée* d'un hémisphère à l'autre; en maints endroits, la terre était stérile et à demi-morte, il l'a *rendue* vivante et féconde; les vallées sont *devenues* de riantes prairies; les plaines se sont *couvertes* de riches pâturages ou de moissons encore plus riches; les collines se sont *chargées* de vignes et de fruits; leurs sommets se sont *couronnés* d'arbres utiles et de jeunes forêts; les déserts sont *devenus* des cités qu'un peuple immense a *habitées;* des routes ont été *ouvertes* et ont *établi* partout des communications; mille autres monuments de puissance et de gloire démontrent que l'homme a *changé, renouvelé, embelli* la surface tout entière de la terre.

XCVII

LA RELIGION ET LES EMPIRES.

Les empires ont *eu,* pour la plupart, une liaison intime avec l'histoire du peuple de Dieu. Dieu s'est *servi* des Assyriens et des Babyloniens pour châtier ce peuple; des Perses, pour les rétablir; d'Alexandre et de ses successeurs pour l'exercer; des Romains pour soutenir sa liberté contre les rois de Syrie, qui s'étaient *proposé* de l'anéantir. Les Juifs se sont *perpétués* jusqu'à Jésus-Christ sous le protectorat des Romains. Quand ils l'ont *méconnu,* ces mêmes Romains ont *prêté* leurs mains, et ils ne s'en sont pas *doutés,* à la vengeance divine; et ils ont *exterminé* ce peuple ingrat. Dieu, qui avait *résolu* de rassembler sous le même sceptre toutes les nations, a d'abord *réuni* les terres et les mers. Le commerce de tant de peuples divers qui, auparavant, ne s'étaient *liés* en aucune façon, et qui depuis se sont *trouvés* sous la domination romaine, a été un des plus puissants moyens dont la Providence se soit *servie* pour répandre l'Évangile. Enfin, après trois cents ans de persécutions *exercées* par ce même empire romain, l'Église, contre laquelle s'était *déchaînée* une si affreuse tempête, a été *adoptée* comme religion dominante : Rome, capitale du monde païen, est *devenue* la capitale du monde chrétien.

XCVIII

LE JOURDAIN.

Nous cheminions péniblement, depuis une heure et demie, dans une arène blanche et fine, quand tout à coup les deux Bethléemites qui s'étaient *proposés* pour être nos guides se sont *arrêtés*, et de la main nous ont *montré*, au fond d'une ravine, quelque chose que nous n'avions pas *aperçu*. Sans pouvoir dire ce que c'était, nous entrevoyions comme une espèce de sable en mouvement sur l'immobilité du sol. Nous nous sommes *approchés* de ce singulier objet, et nous avons *vu* un fleuve jaune que nous distinguions à peine de l'arène de ses deux rives. Il était profondément *encaissé*, et roulait avec lenteur une onde *épaissie :* c'était le Jourdain. Il est impossible de dire la sensation que nous avons *éprouvée* à cette vue. Non-seulement ce fleuve nous rappelait une antiquité fameuse et un des plus beaux noms que jamais la poésie ait *confiés* à la mémoire des hommes, mais ses rives nous offraient encore le théâtre des miracles de notre religion. La Judée est le seul pays de la terre qui retrace au voyageur chrétien le souvenir des affaires humaines et des choses du ciel, et qui fasse naître au fond de l'âme, par ce mélange, un sentiment et des pensées qu'aucun autre lieu ne saurait inspirer.

XCIX

NÉANT DES POMPES ET DES GRANDEURS HUMAINES.

Chrétiens, vous verrez dans une seule vie tout ce que peuvent donner de plus glorieux la naissance et la grandeur, *accumulé* sur une tête, qui ensuite est *exposée* à tous les outrages de la fortune; la bonne cause d'abord *suivie* de bons succès, et depuis, des retours soudains, des changements inouïs; la rébellion longtemps *retenue*, à la fin tout à fait maîtresse; nul frein à la licence; les lois *abolies*, la majesté *violée* par des attentats jusqu'alors inconnus; l'usurpation et la tyrannie sous le nom de liberté; une reine fugitive; neuf voyages sur mer, *entrepris* par une princesse, malgré les tempêtes; l'océan *étonné* de se voir *traversé* tant de fois en des appareils si divers; un trône indignement *renversé*, et miraculeusement *rétabli*. Voilà les enseignements que Dieu donne aux rois; ainsi fait-il voir au monde le néant de ses pompes et de ses grandeurs.

C

FATALES CONSÉQUENCES DU LUXE.

On voit dans l'histoire de la Chine qu'elle a *eu* vingt-deux dynasties, c'est-à-dire qu'elle a *flotté* au gré de vingt-deux révolutions générales, non *compris* une infinité de particulières. Les trois premières dynasties ont *duré* assez longtemps, parce qu'elles ont sagement *gouverné* et que l'empire n'avait pas cette étendue qu'il a *eue* depuis; mais on peut dire, en général, que toutes ces dynasties ont *commencé* assez bien. La vertu, l'attention, la vigilance sont des qualités qu'exige la Chine; elles s'y sont *rencontrées* dans le commencement des dynasties.

En effet il était naturel que des empereurs, *nourris* dans les fatigues de la guerre et dans les dangers que leur avait *valus* leur ambition, conservassent la vertu qu'ils avaient *trouvée* si utile et craignissent les voluptés qu'ils avaient *jugées* si funestes. Mais, après les trois ou quatre premiers princes, la corruption, le luxe, l'oisiveté, les délices se sont *emparés* des successeurs, ils se sont *enfermés* dans le palais, leur esprit s'est *affaibli*, leur vie s'est *accourcie*, la famille a *déchu*, les grands se sont *élevés*, le palais est *devenu* l'ennemi de l'empire, et un peuple oisif a *ruiné* celui qui travaillait; les empereurs se sont *laissé* renverser par des usurpateurs qui, à leur tour, ont été *précipités* du trône par d'autres ambitieux.

———

CI

DÉCOUVERTE DE L'AMÉRIQUE.

C'était en mil sept cent quatre-vingt-douze; Christophe Colomb naviguait pour sa grande découverte; mais cette découverte s'était *laissé* attendre longtemps, et plusieurs révoltes s'étaient *succédé* depuis quelques jours sur les navires, quand des joncs fraîchement *éracinés* apparurent autour des vaisseaux. Une plan-he; qu'une main *exercée* s'était *amusée* à travailler; un bâton, qu'un instrument tranchant avait *ciselé;* une branche d'aubépine en fleurs; enfin un nid d'oiseau *suspendu* à une branche que le vent avait *rompue* ré-cemment, et *rempli* d'œufs, que la mère couvait encore au doux roulis des vagues, flottèrent successivement sur les eaux. Les matelots *apaisés* recueillirent à bord les précieux indices parlants ou vivants d'une terre voisine. C'étaient les voix du rivage qui confirmaient celle de Colomb. Et les matelots entonnèrent à l'envi l'hymne de reconnaissance à celui qui les avait *associés* à son triomphe. Le lendemain matin, une nouvelle terre se montrait aux yeux du hardi navigateur, qui la baptisait du nom du Christ, l'île San-Salvador.

———

CII

LETTRE.

Monsieur et Madame,

Ne vous ai-je pas *écrit* deux ou trois fois au moins? N'ai-je pas *mis* moi-même mes lettres à la poste? N'ai-je pas *marqué* mon adresse aussi exactement que je l'ai *dû?* C'est à moi que je fais ces questions, car je suis moins sûr de moi que de vous, et je m'accuserais volontiers de votre silence. Quoi qu'il en soit, je ne reçois pas un mot de vous. A toute force, il se pourrait que vous m'eussiez *adressé* des lettres, mais la vérité pure c'est que je n'en ai point *reçu.* Dans les longs

voyages que j'ai *faits*, les lettres qu'on m'a *écrites* n
me sont-elles pas *parvenues?* Les vôtres sont, san
flatterie, celles que je regrette le plus, si tant est qu
vous m'en ayez *adressé*, comme je tâche de le croire
Mandez-moi au plus tôt ce qu'il en est et si je doi
m'en prendre à vous, à la poste ou à moi qui, pa
quelque étourderie, me serai *privé* du plaisir d'avoi
de vos nouvelles; quand je dis plaisir, c'est un besoin
C'est que je ne puis m'en passer, et dépêchez-vous, s'i
vous plaît, de m'adresser quelques lignes de la moin
paresseuse de vos quatre mains. Ce sont quatre tort
que vous avez, si vous êtes *restés* tant de temps sans
me donner signe de souvenir.

———

CIII

LES HABITANTS DE LA BRETAGNE FRANÇAISE.

La vivacité et néanmoins la mélancolie de l'imagination distinguent les habitants de la Bretagne française;
la mobilité de leur humeur, aussi bien que l'obstina-
tion de leur caractère, mérite d'être *remarquée;* ils se
sont d'ailleurs *signalés* dans tous les temps par leur
bravoure, leur franchise, leur fidélité, leur fonds d'in-
dépendance, leur attachement pour la religion, leur
amour pour la terre qui les a *vus* naître. Fiers et sus-
ceptibles, sans ambition et peu *faits* pour les cours, ils
ne se sont jamais *montrés* avides ni d'honneurs ni de
places. Ils aiment la gloire, pourvu toutefois qu'elle
ne gêne en rien la simplicité de leurs habitudes; ils
ne l'ont jamais *recherchée* qu'autant qu'elle a *consenti*

à vivre à leur foyer, comme un hôte obscur et complaisant qui partage les goûts de la famille. Dans les lettres, les Bretons ont *fait* preuve d'instruction, d'esprit, d'originalité, de grâce, de finesse même : témoin les Hardouin et les Sévigné. Ils ont *donné* à la France le plus grand peintre de mœurs après Molière, Lesage; dans les sciences, ils revendiquent Descartes; dans les armes, leurs guerriers ont quelque chose d'à part qui les distingue, au premier coup d'œil, des autres guerriers : sous Charles V, les Duguesclin et les Clisson; sous Louis XIV, les Duguay-Trouin. Tous ces soldats se sont *ressemblé* par quelque côté; et, par un genre d'illustration peu commun, ils ont été peut-être encore plus *estimés* de l'ennemi qu'*admirés* de leur patrie.

CIV

CALME DE HENRIETTE D'ANGLETERRE AU MILIEU DE LA TEMPÊTE.

Je tremble au seul récit de la tempête furieuse dont la flotte fut *battue* durant dix jours. Les matelots furent *alarmés* jusqu'à perdre l'esprit, et quelques-uns d'entre eux se précipitèrent dans les ondes. Henriette, toujours intrépide, autant que les vagues étaient *émues*, rassurait tout le monde par sa fermeté. Elle excitait ceux qui l'avaient *accompagnée* à espérer en Dieu, qui faisait toute sa confiance; et, pour éloigner de leur esprit les funestes idées de la mort qui se présentait de tous côtés, elle disait, avec une sérénité qui semblait ramener le calme, que les reines ne se noyaient pas. Hélas! elle

était *réservée* à quelque chose de bien plus extraordinaire ! et, pour s'être *sauvée* du naufrage, ses malheurs
n'en devaient pas être moins déplorables. Elle vit périr tous ses vaisseaux, et presque toute l'espérance d'un
si grand secours. Le vaisseau amiral où elle était, *conduit* par la main de celui qui domine sur la profondeur
de la mer, et qui dompte ses flots *soulevés*, fut *repoussé* aux ports de la Hollande ; et tous les peuples furent *étonnés* d'une délivrance si miraculeuse.

CV

LE MISSISSIPI.

Le Mississipi produit des effets qu'ont *remarqués*
tous les géographes. Dans son cours, que distinguent
mille sinuosités, il transporte et accumule en quelques
endroits les débris du sol, et charrie des masses énormes de végétaux. Chaque année, quand est *passée* la
saison des pluies, les eaux en se retirant détruisent les
bords d'alluvion du fleuve ; des portions de terre *couvertes* de bois épais se trouvent quelquefois *précipitées*
dans le courant, ou bien de grandes parties d'îles sont
entraînées. Des masses d'arbres flottants *arrêtés* dans
leur marche par des bas-fonds, des îles ou d'autres
obstacles s'amoncellent souvent sur place, de manière
à former des ponts naturels qui embrassent toute la
largeur du courant, et le fleuve est quelquefois si complétement *caché* par ces ponts épais qu'on peut le traverser sans se douter de son existence. Outre cette ac-
cumulation fréquente d'arbres flottants, le fleuve trans-

porte à l'extrémité de son delta, dans le golfe du Mexique, des quantités considérables de grands arbres auxquels se mêlent les ossements des animaux qui ont *péri* dans les inondations. Ces phénomènes peuvent nous donner une idée de la manière dont s'est *déposée* la grande abondance de débris végétaux *accumulés* dans les couches terrestres, et expliquent en partie la présence des animaux *détruits* au milieu de ces couches.

———

CVI

LE CAPITOLE.

Hier, à midi et demi, je suis *allé* au Capitole. Cet endroit qui a *dominé* l'univers, où le maître des dieux avait son temple, et Rome son sénat; d'où jadis les aigles toutes fières s'envolaient dans les diverses parties du monde, et où elles revenaient *chargées* de victoires; d'où un mot *échappé* de la bouche des Scipion, des César ou des Pompée, courait parmi les nations menacer la liberté et faire la destinée des rois; où enfin les plus grands hommes de la république respiraient, après leur mort, dans des statues qui exerçaient encore sur l'univers une autorité muette : eh bien ! ce lieu si renommé a *perdu* ses statues, son sénat, sa citadelle, ses temples même, la seule chose qu'il ait *conservée*, c'est son nom, ce nom tellement *cimenté* par le sang et par les larmes des peuples, que le temps, quels qu'aient été ses efforts, n'a *pu* en désunir les syllabes immortelles : il s'appelle encore le Capitole.

CVII

DE LA POÉSIE PASTORALE.

Par une singularité assez étrange au premier abord, la poésie pastorale, cette image de la vie champêtre et primitive, qui devrait, ce semble, se trouver au berceau de toutes les littératures, est *née* ou du moins ne s'est *perfectionnée* qu'aux époques les plus raffinées. Ainsi, Rome n'a *eu* qu'au siècle d'Auguste ses Buco-LIQUES ; ainsi, le siècle de Louis XIV, un des plus polis et des plus brillants qu'il y ait *eu*, s'est *avisé* également de la poésie pastorale ; enfin le XVIIIe siècle lui-même, n'a pas *manqué* de beaux esprits qui s'y sont *essayés ;* mais ceux-là ont *eu* soin de mettre du rouge et des mouches à leurs bergères et des manchettes à leurs bergers. Il faut arriver jusqu'à la fin de ce siècle pour trouver un poëte, André Chénier, qui ait *eu* le sentiment vrai et l'accent du genre. On serait *tenté* d'en conclure que c'est alors que les hommes ont été le plus *éloignés* de la nature par leurs mœurs et leurs habitudes, qu'ils en ont *ressenti* le plus vivement l'amour et le besoin, et qu'ils se sont *complu* à en retrouver l'image dans leur cœur et dans leur imagination.

CVIII

L'AUMÔNE AUX RAMIERS.

Je me trouvais à Bombay en mil huit cent. Un jour je parcourais la ville, *accompagné* d'un guide qui me servait d'interprète. Lorsqu'il m'eut *fait* visiter quelques maisons indiennes *percées* à jour, comme ces bateaux d'ivoire que cisellent les Chinois, lorsqu'il m'eut *fait* admirer quelques-unes de ces grandes salles *préparées* pour des fêtes, où des colonnes de fleurs supportent un réseau *tissu* avec les blancs pétales des jasmins, des tubéreuses et des roses, il me conduisit dans un quartier qu'habitaient des marchands. Je ne m'arrêtai, je vous l'avoue, ni devant les mosaïques *incrustées* dans du sandal, œuvre de patience et de goût, ni devant les écharpes *tissées* à Cachemire avec de la laine et de l'or, mais tout simplement devant de pauvres gens qui faisaient l'aumône aux ramiers. Les beaux oiseaux accouraient du haut des tours et des maisons voisines, pour recevoir les graines de riz, de mil et de maïs que leur prodiguaient les Vincent de Paul des familles ailées. Je voulus m'associer à cet acte de bienfaisance, et j'achetai quelques poignées de graines que je distribuai moi-même à ces blancs orphelins. J'accomplis cet acte de charité avec une satisfaction *mêlée* d'attendrissement, en songeant aux victimes que j'avais *faites*, aux douleurs que j'avais *causées* parmi ces populations aériennes.

CIX

PROGRÈS DE L'HORTICULTURE.

Depuis Pline, faisant le catalogue de toutes les plantes de l'empire romain *cultivées* dans son temps ; depuis Charlemagne, désignant lui-même dans les capitulaires qu'il a *donnés* à ses peuples le nom et le nombre des légumes qu'il ordonnait de cultiver ; depuis Caton, le plus rigide des hommes d'Etat qu'ait *eus* la République romaine, imposant à chaque citoyen romain, quelle que fût sa condition, l'obligation de cultiver des fleurs dans son enclos, pour que cette culture et cette élégance donnassent quelque culture aussi et quelque élégance aux mœurs du peuple ; jusqu'à ces expéditions maritimes et horticoles des Hollandais, des Anglais, pour aller recueillir sur toute la terre, une à une, ces quatre-vingt-dix-huit plantes légumineuses, ou de ces fleurs dont nos potagers actuels sont aujourd'hui *émaillés* ; le jardinage, *ébauché* d'abord par les Romains, *universalisé* et *perfectionné* jusqu'au prodige en Chine, *élargi* en Angleterre aux proportions d'un luxe aristocratique, *rapetissé* et *tourmenté* en Hollande jusqu'à l'adoration de la tulipe, *élevé* en Italie à la dignité d'un art splendide, *associé* à la statuaire, à la sculpture, à l'architecture, *utilisé* en France par son alliance avec la haute agriculture, dont il est l'éclaireur, arrive enfin, grâce aux efforts qu'ont *faits* les jardiniers dans plusieurs parties de l'Europe, à l'état d'industrie employant des millions de bras, et important et exportant pour des millions de fruits et de fleurs !

CX

DESTINÉE DE L'HOMME.

Si tout doit finir avec nous; si l'homme, après les années qu'il aura *vécu* sur la terre, ne doit plus rien attendre, et que ce soit ici-bas notre patrie, notre origine et la seule félicité que nous puissions nous promettre, pourquoi ne jouissons-nous pas de toute la félicité que nous avons *rêvée?* Si nous ne naissons que pour les plaisirs des sens, pourquoi ne peuvent-ils nous satisfaire, quoi que nous fassions, et laissent-ils toujours un fonds d'ennui et de tristesse dans notre cœur? Si l'homme n'a rien au-dessus de la bête, que ne coule-t-il ses jours comme elle, sans souci, sans inquiétude, sans dégoût, sans tristesse? Si l'homme n'a point d'autre bonheur à espérer qu'un bonheur temporel, pourquoi ne le trouve-t-il nulle part sur la terre? D'où vient que les richesses l'inquiètent; que les honneurs, quelque grands qu'ils soient, le fatiguent; que les plaisirs mêmes perdent pour lui leurs appas; que la réputation la plus brillante le gêne et l'embarrasse; que tout cela ensemble ne peut remplir l'immensité de son cœur, et lui laisse encore quelque chose à désirer? Tous les autres êtres, contents de la destinée que leur a *donnée* le Créateur, paraissent heureux à leur manière dans la situation où les a *placés* l'auteur de la nature. L'homme seul est en proie à ses désirs, et se laisse attirer par l'appât des jouissances ou déchirer par des craintes; seul il trouve son supplice dans ses espérances mêmes, et ne rencontre rien ici-bas où son cœur puisse se fixer.

CXI

ÉLOGE DE L'OCCITANIE (LANGUEDOC).

Salut, belle Occitanie, terre de tous les temps *aimée*
des peuples qui t'ont *connue*; toi que les Romains ont
embellie des chefs-d'œuvre de leurs arts; toi dont l'a-
gréable climat a *forcé* les fiers enfants du Nord de se
fixer dans tes plaines; pour qui les Arabes ont *quitté*
la délicieuse Ibérie, et que les Français ont *regardée*
comme le prix le plus beau des victoires de Charles-
Martel! La nature a *réuni* dans ton sein les trésors *par-
tagés* au reste du monde. Sous ton ciel, aussi pur et
moins brûlant que celui d'Espagne, s'élèvent des moissons plus abondantes que celles des campagnes d'Enna;
tes raisins ont *fait* oublier ceux de Falerne et de Mas-
sique; l'olivier se plaît sur tes coteaux aussi bien que
sur les bords de la Durance; tes arbres nourrissent le
ver qui file la pourpre des rois; le marbre, la tur-
quoise et l'or sont *produits* par ton sol fertile; des eaux
qui rendent la santé découlent de tes montagnes; les
plantes les plus salutaires croissent en foule dans tes
champs. Combien de grands hommes, *sortis* de ton sein,
ont *rendu* ton nom célèbre parmi les nations étrangères! Le trône des césars t'a *dû* les Antonins; et ce
seul bienfait t'a *valu* la reconnaissance du monde. L'O-
rient se souvient encore de ce sage et brave Raimond
qui, le premier des chrétiens, a *arboré* la croix de Toulouse sur les remparts de la ville sainte; l'Aragon se
vante des rois à qui tu as *donné* naissance; Rome ché-
rit la mémoire des pontifes qu'elle a *reçus* de toi; la

France se glorifie de tes capitaines, de tes magistrats; la poésie enchanteresse t'a *dû* son premier asile. O terre féconde en héros, en talents, en fruits, en trésors, je te salue !

CXII

LES ROIS FAINÉANTS ET LES MAIRES DU PALAIS.

La famille des Mérovingiens, dans laquelle les Francs avaient coutume de se choisir des rois, passe pour s'être *continuée* jusqu'à Childéric; mais, depuis longtemps déjà, elle s'était *laissée* aller à l'inaction, et le vain titre de roi était la seule chose qu'elle eût *conservée*. Les forces et les trésors du royaume étaient *passés* aux mains des préfets du palais, qu'on appelait MAIRES DU PALAIS, et qui s'étaient réellement *emparés* du souverain pouvoir. Le prince était *réduit* à se contenter de porter le nom de roi, d'avoir les cheveux flottants et la barbe longue, de s'asseoir sur le trône, et de représenter l'image du monarque. Il donnait audience aux ambassadeurs, quel que fût le pays d'où ils vinssent, et leur faisait, à leur départ, comme de sa pleine puissance, les réponses qu'on lui avait *enseignées* ou plutôt *commandées*. Une pension alimentaire et le vain nom de roi *exceptés*, il ne possédait en propre qu'une seule maison de campagne d'un fort modique revenu, et c'est là qu'il tenait sa cour, que composaient un très-petit nombre de domestiques *chargés* du service le plus indispensable et *soumis* à ses ordres. S'il fallait qu'il allât quelque part, ne fût-ce qu'à une faible distance, il voyageait

sur un chariot que traînaient une couple de bœufs, et
qu'un bouvier conduisait à la manière des paysans.
Quant à l'administration de l'Etat, c'étaient les maires
du palais qui s'en étaient *arrogé* le soin.

CXIII

LA RELIGION ET SON AUTEUR.

Quoi de plus merveilleux que de voir la religion toujours subsister sur les mêmes fondements, dès le commencement du monde, sans que ni l'idolâtrie et l'im-
piété qui l'environnent de toutes parts, ni les tyrans qui
l'ont *persécutée*, ni les hérétiques et les infidèles qui se
sont *efforcés* de la corrompre, ni les lâches qui l'ont
trahie, ni ces sectateurs indignes qui l'ont *déshonorée*
par leurs crimes, ni enfin la longueur du temps, qui
seul suffit pour abattre toutes les choses humaines,
quelque solidement *établies* qu'elles soient, aient jamais été capables, je ne dis pas de l'éteindre, mais de
l'altérer !

Si maintenant nous venons à considérer quelle idée
cette religion nous donne du premier Être, nous avoue-
rons qu'elle est digne d'être *regardée* comme *venue* de
Dieu même. Le Dieu qu'ont toujours *servi* les Hébreux
et les chrétiens est infiniment au-dessus de cette cause
première que les soi-disant philosophes ont *connue*.
Ceux d'entre eux qui ont été plus loin nous ont *proposé* un Dieu qui, trouvant une matière éternelle et
existant par elle-même aussi bien que lui, l'a *mise* en
œuvre et l'a *façonnée* comme un artisan vulgaire. Mais

l'Être suprême dont Moïse nous a *écrit* les merveilles, n'a pas seulement *arrangé* le monde, il l'a *fait* tout entier dans sa forme, et comme il l'a *fait* par sa parole, il montre le peu de peine qu'il a *eu;* en la faisant à plusieurs reprises, il fait voir qu'il est le maître de sa matière et de son action, et qu'il n'a d'autres règles que sa volonté.

CXIV

ÉTAT DE ROME A L'APPARITION DE CICÉRON.

Rome était alors à l'une de ces crises tragiques et suprêmes dont se trouve *agité* tout empire ou toute république au moment où les institutions que ces Etats se sont *données* les ont *élevés* au sommet de vertu, de gloire et de liberté, auquel la Providence les a *laissés* atteindre. *Arrivés* à ce point culminant de leur existence, les nations chancellent sur elles-mêmes avant de se précipiter dans la décadence, comme par un vertige que leur donne la prospérité ou la loi de notre imparfaite nature. Cicéron apparaissait dans la vie précisément à ce moment de l'achèvement et de la décomposition de la République romaine, en sorte que son histoire, *mêlée* à celle de sa patrie, est à la fois celle des hommes les plus mémorables ou les plus exécrables qu'il y ait *eu.* La liberté, la servitude de l'univers se conquièrent, se perdent, se jouent pendant un demi-siècle en lui, autour de lui ou avec lui. L'âme d'un seul homme est le foyer du monde, et sa parole est l'écho de l'univers.

CXV

PORTRAIT DE LOUIS XI.

Louis XI est venu faire l'essai de la monarchie absolue sur le cadavre palpitant de la féodalité, *forcée* de quitter la lice où elle avait si longtemps *combattu*. Ce prince, tout à part, *placé* entre le moyen âge qui mourait, et le temps moderne qui naissait, a *tenu*, d'une main la vieille liberté noble sur l'échafaud, et de l'autre a *jeté* à l'eau dans un sac la jeune liberté bourgeoise. Esprit matois, il a *opéré* de grandes choses avec de petites gens; il a *transformé* ses valets en hérauts d'armes, ses barbiers en ministres, le grand prévôt en compère, et deux bourreaux, dont l'un était gai et l'autre triste, en compagnons; il a *regagné* par sa dextérité toutes les pertes que son caractère lui avait *causées*; il a *réparé* comme roi les fautes qu'il avait *faites* comme homme; brave chevalier à vingt ans, et pusillanime vieillard, il a *expiré entouré* de gibets, de cages de fer, de chausses-trappes, d'ermites et d'astrologues; il est *mort* après avoir *fortifié* le royaume par sa politique et ses armes, et avoir *vu* descendre au tombeau ses rivaux et ses ennemis.

CXVI

LES APÔTRES.

Avant de se disperser pour annoncer le Messie, les apôtres ont *composé* à Jérusalem le symbole de la foi.

Cette charte des chrétiens, qui devrait devenir la loi du monde, n'a point été *écrite :* Jésus-Christ n'a rien *écrit :* sept de ses apôtres n'ont *laissé* que leurs œuvres ; il y en a d'autres dont on ne sait pas même le nom ; et la doctrine de ces inconnus a *parcouru* la terre ! Jean a *enseigné* dans l'Asie Mineure, et a *retiré* chez lui Marie, que le Sauveur lui avait *léguée* du haut de la croix ; Philippe a été dans la Haute Asie, André chez les Scythes, Thomas chez les Parthes et jusqu'aux Indes, où Barthélemi a *porté* l'évangile de saint Mathieu, *écrit* le premier de tous les évangiles. Simon a *prêché* en Perse, Mathias en Ethiopie, Paul dans la Grèce ; Marc, disciple de Pierre, a *rédigé* son évangile à Rome, et Pierre a *envoyé* des missionnaires en Sicile, en Italie, dans les Gaules et sur les côtes de l'Afrique. Saint Paul arrivait à Éphèse lorsque Claude mourut, et il a *catéchisé* lui-même dans la Provence et dans les Espagnes.

CXVII

LE SERPENT SENSIBLE A LA MUSIQUE.

Nous étions *arrêtés* dans une grande plaine du Canada, quand un serpent à sonnettes est *entré* dans notre camp. Il y avait parmi nous un Canadien qui jouait de la flûte ; il a *voulu* nous divertir, et s'est *avancé* contre le serpent avec une arme d'une nouvelle espèce. A l'approche de son ennemi, le reptile s'est *formé* en spirale, a *aplati* sa tête, *enflé* ses joues, *contracté* ses lèvres, *découvert* ses dents *empoisonnées* et sa gueule

6.

sanglante; il a *brandi* sa double langue comme deux flammes; ses yeux étaient deux charbons ardents; son corps, *gonflé* de rage, s'abaissait et s'élevait comme les soufflets d'une forge; sa peau, *dilatée*, est *devenue* terne et écailleuse; et sa queue, dont il sortait un bruit sinistre, oscillait avec tant de rapidité, qu'elle ressemblait à une légère vapeur.

Alors le Canadien s'est *mis* à jouer sur sa flûte; le serpent a *fait* un mouvement de surprise et a *retiré* sa tête en arrière; ses yeux ont *perdu* leur âpreté, les vibrations de sa queue se sont *ralenties*, et le bruit qu'elle faisait entendre s'est *affaibli* et est *mort* peu à peu. Moins perpendiculaires sur leur ligne spirale, les orbes du serpent *charmé* se sont *élargis*, et sont *venus* tour à tour se poser sur la terre en cercles concentriques. Les nuances d'azur, de vert, de blanc et d'or ont *repris* leur éclat sur sa peau frémissante, et tournant légèrement la tête, il est *demeuré* immobile dans l'attitude de l'attention et du plaisir. Dans ce moment le Canadien a *marché* quelques pas en tirant de sa flûte des sons doux et monotones; le reptile a *baissé* son cou nuancé, *entr'ouvert* avec sa tête les herbes fines, et s'est *mis* à ramper sur les traces du musicien qui l'entraînait, s'arrêtant lorsqu'il s'arrêtait, et recommençant à le suivre, quand il commençait à s'éloigner. Il a été ainsi *conduit* hors de notre camp, au milieu d'une foule de spectateurs, tant sauvages qu'européens, qui en croyaient à peine leurs yeux : à cette merveille de la mélodie, il n'y a *eu* qu'une seule voix dans l'assemblée pour qu'on laissât le merveilleux serpent s'échapper.

CXVIII

ROME ET CARTHAGE A L'ÉPOQUE DES GUERRES PUNIQUES.

Rome était dans sa force ; et Carthage, qui avait *commencé* à baisser, ne se soutenait plus que par Annibal. Rome avait son sénat *uni,* et c'est précisément dans ces temps que s'y est *trouvé* ce concert que tous les historiens ont *admiré.* Le sénat de Carthage était *divisé* par de vieilles factions qu'on avait vainement *essayé* de réconcilier, et la perte d'Annibal eût *fait* la joie de la plus notable partie des grands seigneurs. Rome, qui ne s'était point encore *laissée* aller à la corruption qu'enfantent les richesses et qui ne s'était *attachée* qu'à l'agriculture, nourrissait la meilleure milice qu'on eût *formée* jusqu'alors ; et cette milice ne respirait que la gloire et ne songeait qu'à agrandir le nom romain, quelques grands sacrifices qu'il dût lui en coûter. Carthage, que le trafic avait *enrichie,* voyait tous ses citoyens *attachés* aux richesses qu'ils s'étaient *efforcés* d'amasser, et nullement *exercés* dans la guerre. Les armées romaines étaient presque toutes *composées* de citoyens ; Carthage, au contraire, n'avait que des troupes étrangères, souvent autant à craindre pour ceux qui les payent que pour ceux contre qui on les emploie.

CXIX

LE RENARD PUNI DE SA CURIOSITÉ.

Un renard des montagnes d'Aragon, qui avait *vieilli* dans la finesse, voulut donner, quelques sages représentations qu'on lui fît, ses derniers jours à la curiosité. Il forma le projet d'aller voir en Castille le fameux Escurial, cette magnifique résidence royale qu'a *bâtie* Philippe II. En arrivant il fut *surpris*, car il était peu *accoutumé* à l'éclat : son terrier et le poulaillier voisin, où il était d'ordinaire assez mal *reçu*, étaient les seules choses qu'il eût *vues* jusqu'alors. Là, étaient des colonnes de marbre, des portes d'or, des bas-reliefs de diamant. Il entra dans plusieurs chambres dont les tapisseries étaient d'une richesse et d'une fraîcheur admirables; on y voyait des chasses, des combats, des fables où la main de l'artiste s'était *amusée* à représenter les dieux se jouant avec les hommes; enfin l'histoire de Don Quichotte, où Sancho, *monté* sur son grison, allait gouverner l'île que le duc lui avait *confiée*. Puis il aperçut des cages où étaient *renfermés* des lions et des léopards. Pendant que notre renard regardait ces merveilles, deux chiens du palais l'étranglèrent. Il se trouva mal de sa curiosité.

CXX

LE PETIT CHIEN DE MADAME DE SÉVIGNÉ.

Vous êtes tout *étonnée*, ma très-chère, que j'aie un petit chien ; voici l'aventure.

J'appelais ce matin par contenance une chienne courante d'une dame qui demeure au bout de ce parc. Madame de Tarente, qui s'est *aperçue* de ce que je faisais, s'est *empressée* de me dire : Quoi ! vous savez appeler un chien ! je veux vous en envoyer un des plus jolis que vous ayez *vus*. Je l'ai *remerciée* et lui ai *dit* la résolution que j'avais *prise* de ne plus m'engager dans cette sottise, quelques bonnes raisons qu'on pût me donner. Cela se passe, on n'y pense plus. Deux heures et demie après, je vois entrer un valet de chambre avec une petite maison de chien, toute pleine de rubans, et sortir de cette jolie maison un petit chien tout *parfumé*, d'une beauté extraordinaire : des oreilles, des soies, une haleine douce, petit comme Sylphide, blondin comme Blondin ; jamais je ne me suis *trouvée* plus *embarrassée* ; j'ai *voulu* le renvoyer, on n'a jamais *voulu* le remporter, quoi que j'aie *pu* dire. Il s'en faut peu que la femme de chambre qui l'a *élevé* ne meure de douleur. C'est Marie que le petit chien a *prise* en amitié ; il couche dans sa maison et dans la chambre de Beaulieu ; il ne mange que du pain ; je ne m'y suis point encore *attachée*, mais il commence à m'aimer, je crains de succomber.

Voilà l'histoire, que je vous prie de ne point mander à Marphise, ma petite chienne, que j'ai *laissée* à

Paris, car je crains ses justes reproches ; au reste, une propreté extraordinaire ; il s'appelle *Fidèle* ; c'est un nom que bien des gens ne se sont pas toujours *montrés* dignes de porter. Adieu, ma chère fille ; écrivez-moi le plus tôt possible.

━━━━

CXXI

LES TOMBEAUX AÉRIENS.

Ce matin, je me promenais solitairement, quand j'ai *aperçu* une jeune mère qui cherchait des yeux quelque arbre sur les branches duquel elle pût exposer sa fille que la mort lui avait *ravie*. Elle a *choisi* un érable, dont les fleurs rouges exhalaient les parfums les plus suaves. D'une main, elle en a *abaissé* les rameaux inférieurs ; de l'autre, elle y a *placé* le corps de son enfant ; puis la branche, qu'elle a *laissée* s'échapper, est *retournée* à sa position naturelle, emportant la dépouille de l'innocence *cachée* dans un feuillage odorant. Oh ! que cette coutume est touchante ! Dans leurs tombeaux aériens, ces corps *enfoncés* dans des touffes de verdure et de fleurs ; *rafraîchis* par la rosée, *embaumés* par les brises, *balancés* par elles sur la même branche où le rossignol a *bâti* son nid et fait entendre sa plaintive mélodie, ces corps ainsi *exposés* ont *perdu* toute la laideur du sépulcre. Mais si c'est la dépouille d'une jeune fille qu'une main amie a *suspendue* à l'arbre de la mort, si ce sont les restes d'un enfant chéri qu'une mère a *placés* dans la demeure des petits oiseaux, le charme redouble encore. Arbre américain, qui portant des corps dans tes rameaux, les éloignes du séjour des hommes, en les rapprochant de celui de Dieu, je me suis *arrêté* en extase sous ton ombre! Dans ta sublime allégorie, tu me montres l'arbre de la vertu; ses racines croissent dans la poussière de ce monde, sa cime se perd dans les étoiles du firmament, et ses rameaux sont les seuls échelons par où l'homme, voyageur sur ce globe, puisse monter de la terre au ciel!

CXXII

OBSERVATIONS SUR LE RÈGNE DE LOUIS XIV.

La monarchie absolue est *née* le jour où l'hérédité royale dans la famille capétienne s'est *établie;* cette monarchie a *mis* sept siècles et demi à croître au travers de mille et une transformations sociales: comme toute institution, quelle qu'elle soit, qui ne tombe pas fortuitement dans sa marche, elle s'est *élevée* graduellement à son apogée. Le déspotisme de Louis XIV a été un fait progressif, naturel, *venu* à point, dans son temps, dans son lieu même, un résultat inévitable des opinions et des mœurs à cette époque, un anneau de la chaîne qui servait à joindre le principe *répudié* de la liberté au principe non encore *adopté* de l'égalité. Il fallait enfin que la royauté s'usât comme s'était *usée* l'aristocratie, que l'on sentît les abus du gouvernement d'un seul, comme on avait *senti* l'oppression du gouvernement de plusieurs. La France, du moins, a *eu* l'heureuse chance d'avoir *produit*, dans ce moment même, un roi capable de remplir avec éclat cette période *obligée* d'as-

servissement : l'héritier de Richelieu et l'élève de Ma
zarin a été en rapport de caractère avec l'autorité abso
lue qui lui était *échue;* l'homme et le temps se son
corroborés. Le siècle de Louis XIV a été le superbe ca
tafalque de nos libertés, *éclairé* par les mille flambeaux
de la gloire, que tenaient alentour les Bossuet, les Ra
cine, les Colbert, les Turenne, c'est-à-dire les plu
grands hommes qu'il y ait jamais *eu.*

CXXIII

PERSPECTIVE DE LA NATURE SUR MER.

Le vaisseau sur lequel nous étions *embarqués* s'éleva
bientôt au-dessus des terres que nous avions *quittées,*
et l'espace ne fut plus *tendu* que du double azur que
présentaient la mer et le ciel, comme une toile qu'on
aurait *préparée* pour recevoir les futures créations de
quelque grand peintre. La couleur des eaux devint
semblable à celle du verre liquide. Une grosse houle,
que nous avions *sentie* s'élever, venait du couchant,
bien que le vent soufflât de l'est; d'énormes ondula-
tions s'étendaient du nord au midi, et ouvraient, dans
leurs vallées, de longues échappées de vue sur les déserts de l'Océan. Ces paysages paraissaient mobiles,
vous les eussiez *vus* changer d'aspect à toute minute : tantôt une multitude de tertres verdoyants re-
présentaient des sillons de tombeaux dans un cimetière
immense; tantôt les lames, en faisant moutonner les
cimes, imitaient des troupeaux blancs *répandus* sur des
bruyères; souvent l'espace semblait *borné* faute de

points de comparaison, mais si une vague venait à se
lever, un flot à se courber comme une côte lointaine,
un escadron de chiens de mer à passer à l'horizon, l'espace s'ouvrait devant nous. On avait surtout l'idée de
l'étendue, lorsqu'une brume légère flottait à la surface
de la mer, et semblait accroître l'immensité même. Oh !
qu'alors les aspects de l'Océan sont grands et tristes !
Dans quelles rêveries vous vous sentez *plongé*, soit que
l'imagination s'enfonce sur ces mers glacées du nord
que les navigateurs ont vainement *essayé* de parcourir,
soit qu'elle aborde, sur les mers du midi, à des îles où
elle s'est *figuré* trouver le repos et le bonheur !

CXXIV

LE CHAR DE GULLIVER.

On fit donc travailler à la hâte cinq mille charpen-
tiers et ingénieurs pour construire une voiture : c'était
un chariot *élevé* de trois pouces, ayant sept pieds de
longueur et quatre de largeur, avec vingt-deux roues.
Quand il fut *achevé*, on le conduisit au lieu où j'étais.
Mais la principale difficulté fut de m'élever et de me
mettre sur la voiture qu'on avait *amenée*. Dans cette
vue, quatre-vingts perches, chacune de deux pieds de
hauteur, furent *employées*, et des cordes très-fortes, de
la grosseur d'une ficelle, furent *attachées*, par le moyen
de plusieurs crochets, aux bandages que les ouvriers
avaient *ceints* autour de mon cou, de mes mains, de
mes jambes et de tout mon corps. Neuf cents hommes,
des plus robustes, furent *employés* à élever ces cordes

par le moyen d'un grand nombre de poulies *attachées*
aux perches, et, de cette façon, en moins de trois
heures et demie, je fus *élevé*, *placé* et *attaché* dans la
machine. Je sais tout cela par le rapport qu'on m'en a
fait depuis; car, pendant cette manœuvre, je dormais
très-profondément. Quinze cents chevaux, les plus
grands qu'on eût *trouvés* dans l'écurie de l'empereur,
chacun d'environ quatre pouces et demi de haut, furent *attelés* au chariot, et me traînèrent vers la capitale, *éloignée* d'un quart de lieue.

CXXV

BONAPARTE AU SAINT-BERNARD.

Bonaparte se mit en marche le vingt juin mil huit
cent pour traverser le col avant le jour. Son aide-de-
camp et son secrétaire l'accompagnaient. Il gravit le
Saint-Bernard *monté* sur un mulet, *vêtu* de cette enveloppe grise qu'il a toujours *portée* depuis, *conduit*
par un guide du pays, montrant dans les passages
même les plus difficiles la distraction d'un esprit qu'oc-
cupaient d'autres affaires, entretenant les officiers *répandus* çà et là sur la route, puis, par intervalles, inter-
rogeant le conducteur qui l'accompagnait, et se faisant
conter sa vie, ses plaisirs, ses peines même, comme un
voyageur oisif qui n'a pas mieux à faire. Le conducteur, qui était jeune, lui exposa, avec cette simplicité
qu'ont toujours *montrée* les montagnards, les particularités de son existence toute modeste, tout obscure, et
surtout le chagrin qu'il éprouvait de ne pouvoir, à

ause du peu de fortune que son père lui avait *laissé,* épouser une des filles de cette vallée. Le premier consul, tantôt l'écoutant, tantôt questionnant les passants dont la montagne était *remplie,* parvint à l'hospice, où les bons religieux le reçurent avec empressement. A peine *descendu* de sa monture, il écrivit un billet qu'il remit à son guide, en lui recommandant de le porter à l'administrateur de l'armée, *resté* de l'autre côté du Saint-Bernard. Le soir, le jeune homme, de retour à Saint-Pierre, apprit avec une surprise et une joie faciles à comprendre quel puissant voyageur il avait *conduit* le matin, et sut que le général Bonaparte lui faisait donner un champ, une maison, les moyens de se marier enfin et de réaliser les rêves qu'avait *faits* sa modeste ambition. Ce montagnard est *mort* tout récemment, possesseur du petit fonds que le futur dominateur du monde lui avait *donné.*

CXXVI

UNE DISTRACTION DE RACINE.

Racine, un des plus grands poëtes que la France ait *eus,* était sujet à des distractions fort graves. Un soir qu'il était entre le roi et madame de Maintenon, chez elle, la conversation tomba sur le théâtre. Le roi parla des pièces qu'il avait *vu* jouer, et demanda à Racine pourquoi la comédie était si fort *tombée* de ce qu'on l'avait *vue* autrefois. Racine lui en donna plusieurs raisons, et conclut que, si la comédie ne réussissait pas mieux, c'est que les pièces ne valaient rien, qu'on en avait *donné* de trop anciennes, entre autres plusieurs de Scarron, qui rebutaient tout le monde. A ce mot, la pauvre veuve rougit, non pas de la réputation du cul-de-jatte *attaqué*, mais d'entendre prononcer son nom et devant le successeur. Le roi s'embarrassa; le silence qui se fit tout à coup réveilla le malheureux Racine, qui sentit le puits dans lequel sa funeste distraction l'avait *précipité*. Il se passa quelques instants sans que personne levât les yeux ni ouvrit la bouche; à la fin, le roi dit qu'il allait travailler et renvoya Racine. Le poëte sortit éperdu, et alla conter à un ami intime la sottise qu'il avait *faite*. Elle fut telle que rien ne put la raccommoder. Depuis lors, ni le roi ni madame de Maintenon ne parlèrent à Racine, ni même le regardèrent. Le chagrin profond qu'il en ressentit, *joint* à une maladie qu'il avait déjà, le fit tomber en langueur, et il ne vécut pas deux ans depuis.

CXXVII

LE REQUIN.

Les requins sont les tigres de la mer. J'en ai *mesuré* qui avaient plus de trois mètres et demi de longueur. La nature leur a *donné* une vue très-faible. Le requin nage avec une difficulté et une lenteur remarquables, à cause de la forme arrondie de sa tête; cette circonstance, *jointe* à la position de sa gueule, qui l'oblige de se tourner sur le dos pour avaler, préserve la plupart des poissons de sa voracité. Ses mâchoires sont *armées* de cinq ou six rangs de dents aiguës et *taillées* comme les lancettes. On l'amorce avec un morceau de chair *em-broché* d'un croc en fer. Avant de le tirer de l'eau, on passe à la queue un nœud coulant; et lorsqu'il est *hissé* sur le pont, et qu'il s'efforce de tuer les matelots, on lui coupe la queue à coups de hache. Cette queue n'a qu'un aileron *taillé* comme une faux. Au reste, la pêche de ce poisson, que j'ai *aidé* à faire bien souvent, n'est d'aucune utilité. J'ai *goûté* de sa chair : elle a un goût de raie, et est, dit-on, fiévreuse. Les requins sont si vivaces, que j'en ai *vu* remuer longtemps après qu'on leur avait *coupé* la tête.

<hr>

CXXVIII

LE BAOBAB.

Cet arbre croît sur le littoral de l'Afrique, depuis les bords de la Gambie jusqu'à ceux du Zaïre. Le fruit de ce géant de la végétation est de la grosseur d'une orange. Le tronc du baobab n'excède guère sept mètres et demi à huit mètres de hauteur, mais il présente souvent un développement de trente mètres de circonférence. Il se couronne d'un immense faisceau de longues branches dont chacune pourrait être *considérée* comme un arbre colossal. Ces branches, après s'être *courbées* sous le poids de leur étendue, s'inclinent vers le sol, en sorte que l'arbre entier présente une imposante masse de verdure, sous laquelle l'Africain peut se mettre à l'abri de l'ardeur du soleil, comme au sein d'une forêt profonde. Quant aux racines, on en a souvent *rencontré* à plus de quarante mètres de distance. Pour un tel géant,

les siècles s'écoulent comme les années pour les arbris-
seaux que le Créateur a *donnés* à nos climats. D'après
les calculs qu'a *faits* un naturaliste anglais, il y aurait
des baobabs aussi anciens que la terre qui les a *vus*
naître. Leur haute antiquité les a *rendus* sacrés aux
habitants du pays. On raconte que les nègres prati-
quent dans le tronc de cet arbre des excavations profondes, et y ensevelissent ceux de leurs morts qui se
sont *fait* une célébrité et qu'ils veulent honorer d'une
manière toute particulière.

CXXIX

LA CLOCHE D'ARGENT (LÉGENDE).

Sur les bords du Rhin vivait, il y a quelque cinq cents
ans, un seigneur cruel et avare. Ce seigneur ayant *eu*
besoin d'argent, fit arracher d'un couvent voisin une
cloche d'argent *donnée* un demi-siècle auparavant par
un pieux évêque de Mayence. Le prieur du couvent
s'émut et monta chez le seigneur en chasuble et en
étole, *précédé* d'un enfant de chœur portant la croix,
pour redemander sa cloche, qu'on avait *osé* enlever.
Le seigneur se prit à rire et fit jeter le prêtre dans le
puits de la tour avec la cloche d'argent *attachée* au
cou ; puis, par son ordre, on combla avec de grosses
pierres, par-dessus le prêtre et la cloche, soixante cou-
dées du puits. Quelques jours après, le seigneur tomba
subitement malade. Alors, quand la nuit fut *venue*,
l'astrologue et le médecin qui veillaient près de lui,
entendirent avec terreur le glas de la cloche d'argent
sortir des profondeurs de la terre. Depuis ce temps-là,

tous les ans, quand revient l'anniversaire de la mort du seigneur, dans la nuit du dix-huit janvier, on entend distinctement la cloche d'argent tinter sous la montagne : c'est l'âme du seigneur qui revient.

CXXX

LA LOMBARDIE.

Vous parcourez d'abord un pays fort riche dans l'ensemble, et vous dites : « C'est bien. » Mais quand vous venez à détailler les objets que la nature s'est *plu* à vous offrir, l'enchantement arrive. Des prairies comme vous n'en avez jamais *vu*, et dont la verdure surpasse la fraîcheur et la finesse des gazons anglais, se mêlent à des plants de maïs, de riz et de froment ; ceux-ci sont *surmontés* de vignes qui passent d'un échalas à l'autre, en formant des guirlandes au-dessus des moissons ; le tout est *semé* de mûriers, de noyers, d'ormeaux, de saules, de peupliers, et *arrosé* par des rivières et des canaux. *Dispersés* sur ces terrains, des paysans et des paysannes, les pieds nus, un grand chapeau de paille sur la tête, fauchent les prairies, coupent les céréales, chantent, conduisent des attelages de bœufs ou font remonter et descendre des canots sur les courants. Cette scène naturelle, une des plus gaies que j'aie jamais *contemplées*, se prolonge sur une étendue de plus de quatre-vingts milles, en augmentant toujours de richesse jusqu'à Milan, centre du tableau. Sur l'un des plans, on aperçoit l'Apennin ; sur l'autre, les Alpes avec leurs hautes cimes *couronnées* d'une neige séculaire,

CXXXI

DU LANGAGE FIGURÉ.

Faut-il s'étonner si les poëtes ont *animé* tout l'univers, s'ils ont *donné* des ailes aux vents et des flèches au soleil; s'ils ont *peint* les fleuves qui se hâtent de se précipiter dans la mer, et les arbres qui montent vers le ciel pour vaincre les rayons du soleil par l'épaisseur de leurs ombrages? Ces figures ont *passé* même dans le langage vulgaire, tant il est naturel aux hommes de sentir l'art dont toute la nature est pleine. La poésie n'a *fait* qu'attribuer aux créatures inanimées le dessein du Créateur, qui fait tout en elles. Du langage figuré des poëtes, ces idées ont *passé* dans la théologie des païens, dont les théologiens furent les poëtes. Ils ont *supposé* un art, une puissance, une sagesse qu'ils ont *nommée* NUMEN, dans les créatures même les plus *privées* d'intelligence. Chez eux, les fleuves ont été des dieux, et les fontaines des naïades. Les bois, les montagnes ont *eu* leurs divinités particulières. Les fleurs ont *eu* Flore, et les fruits Pomone. Plus on contemple sans prévention toute la nature, plus on y découvre partout un fonds inépuisable de sagesse, qui est comme l'âme de l'univers.

DICTÉES DE RÉCAPITULATION

CXXXII

LA CASSETTE MERVEILLEUSE.

1.

Une maîtresse de maison s'était *aperçue* que le petit fonds de terre qu'elle avait *acheté* diminuait de valeur d'année en année, et qu'elle éprouvait des pertes dans son ménage. Elle prit alors le parti d'aller consulter un solitaire, qui demeurait à quelques milles de là, dans une forêt, et dont les prédictions s'étaient presque toujours *réalisées*. Elle lui raconta le mauvais état de ses affaires. « Le peu d'aisance, lui dit-elle, que m'avaient *procurée* mon travail et mon économie, diminue de jour en jour; cela ne me paraît pas naturel, il faut qu'on m'ait *jeté* un sort. Je viens vous trouver pour que vous remédiiez au mal. » Le solitaire, qui était un vieillard possesseur d'un fonds d'humeur gaie, malgré les soixante-dix ans qu'il avait déjà *vécu*, la pria d'attendre quelques instants; puis il apporta une petite cassette bien *fermée*, en *disant :* « Il faut que, pendant une année entière, vous n'oubliiez pas de porter cette cassette au grenier, à la cave, au cellier, à la cuisine, dans les écuries même ; et cela trois fois le jour et trois fois la nuit, et je vous promets que vous retrouverez le peu d'aisance que vous avez *eue* et que je vous ai *entendue* regretter. L'année *finie*, ne manquez pas de rapporter la cassette que je vous ai *confiée*. »

2.

La bonne femme, que les paroles du solitaire avaient *ranimée*, promena, dès le lendemain, la cassette mystérieuse dans toutes les parties de sa maison que lui avait *désignées* le sage vieillard. Or, au cellier, elle surprit deux domestiques *vidant* une bouteille de vin qu'ils avaient *dérobée* ; à la cuisine, elle trouva les servantes se *régalant* de friandises qu'elles s'étaient prudemment *réservées* ; aux écuries, elle vit que les palfreniers, au lieu de soigner les chevaux qu'on leur avait *confiés*, s'étaient *laissés* aller au sommeil. Elle eut ainsi, chaque jour, à réprimer des abus qui s'étaient *glissés* dans sa maison. Au bout de l'année, elle reporta au bon solitaire la cassette qu'il lui avait *confiée*, et lui dit les miracles qu'elle avait *opérés*. « Mais, ajouta-t-elle, j'aurais besoin pendant quelque temps encore de votre précieuse cassette, pour que mes affaires fussent tout à fait *rétablies*. » A ces mots, le vieillard sourit doucement et ouvrit la cassette. La bonne femme, tout *étonnée*, n'y vit qu'un petit morceau de papier sur lequel étaient *écrits* ces deux vers :

Pour que, dans ta maison, tout s'exécute bien,
L'œil du maître ne doit laisser échapper rien.

CXXXIII

MORT DE MARIE STUART.

1.

La reine, dit un historien contemporain, est *montée* sur l'échafaud avec la même aisance et la même dignité que si elle était *montée* sur un trône. Elle a *pris* place sur le siége lugubre sans changer de couleur et sans rien perdre de sa grâce et de sa majesté accoutumées, ayant en face d'elle les deux bourreaux, *vêtus* de noir; à peu de distance, le long du mur, ses serviteurs, et dans le reste de la salle, *retenus* par une barrière que gardaient des soldats, environ deux cents gentlemen et habitants du voisinage *admis* dans le château, dont on avait *fermé* les portes. Le juge a *lu* la sentence, que Marie a *écoutée* en silence, et si profondément *recueillie* en elle-même qu'elle semblait étrangère à ce qui se passait. Lorsque le juge a eu *achevé* de lire, Marie s'est *signée*, et, après quelques paroles qu'elle a *prononcées* pour sa justification, elle s'est *mise* à prier. Sa piété était si vive, son effusion si *touchante*, son courage si admirable, qu'elle a *arraché* des larmes à presque tous les assistants. La prière *finie*, elle s'est *relevée*. Le terrible moment était *arrivé*, et le bourreau s'est *approché* d'elle pour l'aider à se dépouiller d'une partie de ses vêtements, mais elle l'a *écarté* et a *dit* en *souriant* qu'elle n'avait jamais *eu* de pareils valets de chambre. Elle a *appelé* les deux jeunes filles qui l'avaient *ac-*

compagnée, et qui étaient *restées* pendant ce temps à genoux au pied de l'échafaud, et elle a *commencé* à se déshabiller avec leur aide, *ajoutant* qu'elle n'avait pas coutume de le faire devant tant de monde.

2.

Les deux jeunes filles lui rendaient ce triste et dernier office en *pleurant*. Pour arrêter l'explosion de leur douleur, elle a *mis* son doigt sur leur bouche, et leur a *rappelé* qu'elle avait *promis* en leur nom qu'elles montreraient plus de force. Marie a *ôté* ensuite son manteau, a *enlevé* son voile et n'a *conservé* qu'une robe de taffetas velouté rouge; elle s'est *assise* sur son siége, et a *donné* sa bénédiction à tous ses serviteurs, qui pleuraient. Le bourreau lui a *demandé* pardon à genoux; elle a *répondu* qu'elle l'accordait à tout le monde. Elle a *embrassé* les deux jeunes filles qui ne l'avaient pas *abandonnée*, les a *bénies* en *faisant* le signe de la croix sur elles, et après que l'une de ces jeunes filles lui a eu *bandé* les yeux, elle leur a *ordonné* de s'éloigner, ce qu'elles ont *fait* en *sanglotant*. En même temps, elle s'est *jetée* à genoux d'un grand courage, et *tenant* toujours le crucifix entre ses mains, elle a *tendu* le cou au bourreau. L'attendrissement était universel; le bourreau lui-même était *ému*, et, la *frappant* d'une main mal assurée, la hache, au lieu d'atteindre le cou, est *tombée* sur le derrière de la tête, et l'a *blessée*, sans qu'elle proférât une plainte. Au second coup seulement, le bourreau lui a *abattu* la tête, qu'il a *montrée* en *disant* : « Dieu sauve la reine Éli-sabeth ! »

CXXXIV

ENTREVUE D'ANNIBAL ET DE SCIPION.

1.

Les deux chefs, dit un historien, ont *quitté* leur camp avec quelques cavaliers, et, à une certaine distance de leur escorte, sont *entrés* en conférences au moyen d'un interprète. Annibal, après avoir *salué* Scipion, a *pris* la parole. « Mon premier désir, a-t-il *dit*, serait que Rome n'eût jamais *porté* ses vues au-delà de l'Italie, ni Carthage de l'Afrique. Pour toutes deux, l'Afrique et l'Italie étaient déjà d'assez beaux empires dont la nature elle-même avait *marqué* les limites. Mais, puisque nous avons *tiré* l'épée, puisque nous nous sommes *disputé* la Sicile d'abord et l'Espagne ensuite; puisqu'enfin, *égarés* par la fortune, nous avons *poussé* nos fureurs assez loin pour troubler tour à tour notre patrie, il ne reste plus qu'à chercher le moyen de désarmer la colère des dieux que nous avons *allumée*, et de mettre un terme à cette longue rivalité. Pour moi, je suis tout *disposé* à une réconciliation : je n'ai que trop *éprouvé* par moi-même combien la fortune s'est toujours *montrée changeante*, et s'est toujours *jouée* des hommes. Quel est le mortel raisonnable qui, de gaieté de cœur, préférerait à la paix la bataille que tu as peut-être *résolu* d'engager? Vainqueur, tu n'ajouteras que peu de chose à la gloire de ta patrie. *Vaincu*, tu détruiras tout d'un coup la renommée que t'ont *valu* tes anciens exploits. Je viens te proposer que tous les pays objets de nos discordes appartiennent désormais à Rome : une telle paix , en *assurant* l'existence de Carthage, ne saurait être que glorieuse pour les Romains et pour toi. »

2.

Ainsi s'est *exprimé* Annibal. Publius lui a *répondu* que ce n'étaient pas les Romains qui, pour la Sicile ou l'Espagne, avaient *allumé* la guerre, mais les Carthaginois seuls; qu'il le savait bien, et que les dieux avaient *désigné* les coupables en *donnant* la victoire non pas au peuple qui avait *pris* les armes, mais à celui qui les avait *repoussées*; qu'il connaissait du reste, aussi bien que tout mortel, les mille caprices de la fortune. « Peut-être, a-t-il *ajouté*, si tu avais *présenté* ces propositions en *abandonnant* de toi-même l'Italie, et avant que les Romains fussent *passés* en Afrique, aurais-tu *réussi* dans cette démarche auprès de Rome. Mais ajourd'hui que tu as *quitté* l'Italie malgré toi, et que, *transportés* sur ces bords, nous nous sommes *rendus* maîtres de vos campagnes, combien les choses sont *changées !* Enfin, pour dire quelque chose de plus, voici à quel point nous en sommes *venus.*

3.

« A la prière de tes concitoyens *vaincus*, continua Scipion, nous avons *écrit* un traité dont les conditions, outre celles que tu proposes, imposaient aux Carthaginois de rendre les prisonniers sans rançon, de livrer leurs vaisseaux de guerre, de payer cinq mille talents et de fournir des otages. Telles étaient les clauses *arrêtées* de concert entre nous, et à propos desquelles nous avons *envoyé*, les Carthaginois et moi, des députés au peuple et au sénat romain. Le sénat a *consenti* à ces clauses, il les a même *acceptées* de bon cœur, le peuple les a *ratifiées*; et quand les Carthaginois ont eu *obtenu* ce qu'ils désiraient, ils ont *déchiré* le traité et se sont *conduits* en traîtres. Que faire encore? Mets-toi à ma place et prononce. Eh quoi ! après avoir *obtenu* de Rome les conditions qu'ils avaient *prié* à genoux de leur accorder, aussitôt qu'ils ont *pu* compter sur toi, Annibal, ils nous ont *traités* en ennemis, en barbares. Voici ma conclusion : Il faut vous livrer, vous et votre patrie, à notre discrétion ou vaincre. »

<hr>

CXXXV

PASCAL.

1.

Blaise Pascal, un des plus grands génies que la littérature et les sciences puissent se glorifier d'avoir *possédés*, naquit le 19 juin 1623, à Clermont, où son frère, Étienne Pascal, était président de la Cour des aides. Le village de Cornon et la capitale de l'Auvergne se sont *disputé* l'honneur d'avoir *donné* le jour a cet homme célèbre. Étienne Pascal était un magistrat fort habile, même dans les sciences les plus étrangères à sa profession. Les mathématiques et les plus hautes spéculations qu'ait *présentées* la philosophie lui étaient familières; et, sans avoir *laissé* aucun monument de son érudition, il est *cité* parmi le petit nombre d'hommes qui ont *su* apprécier en connaisseurs les importantes découvertes de cette époque, et qui les ont *propagées* en amis de la vérité. Mais la plus grande gloire qu'ait *eue* ce vertueux père de famille, c'est d'avoir *dirigé* par lui-même la plus noble intelligence qui ait *étonné* le monde, et de l'avoir *soutenue* dans son premier essor. Blaise Pascal n'avait que trois ans, lorsque son père fut *réduit* par le malheur du veuvage à chercher toute sa consolation dans les soins qu'il prodiguait à la jeune famille que sa femme lui avait *laissée;* c'est alors qu'Étienne Pascal commença à remarquer dans Blaise les premières lueurs d'un génie extraordinairement précoce.

2.

La raison fut la première faculté qu'il cultiva en lui; quant à la mémoire, qu'il s'était *proposé* d'exercer plus tard, il la laissa se former tranquillement. A dix ans, son élève n'avait encore *commencé* ni le latin, ni le grec; mais déjà sa réflexion s'était *portée* sur les règles générales du langage et sur les opérations de l'entendement; il avait *observé* avec une curiosité, une avidité qu'on n'avait point encore *remarquées* chez un enfant, les phénomènes de la nature physique qu'il avait *trouvés* à sa portée; il avait *accoutumé* son esprit à chercher la raison des faits que le vulgaire a toujours *tenus* pour suffisamment *expliqués.* Il s'aperçut un jour, et c'était dans sa première enfance, qu'un vase de métal, *frappé* par un corps solide, cessait de retentir dès que la main s'en était *approchée ;* cette particularité absorba toute sa réflexion, jusqu'à ce qu'il eût *trouvé* de lui-même une explication *suffisante* et qu'il l'eût *rédigée* par écrit.

3.

Le père, *persuadé* plus que jamais qu'un si beau naturel méritait d'être *cultivé*, quoi qu'il pût lui en coûter, vendit la charge qu'il avait *exercée* jusqu'a-lors, et vint, en 1631, s'établir à Paris, où quelques savants dont il était *connu* s'étaient *proposé* de dé-brouiller le chaos des vieilles doctrines, tant en physi-que qu'en philosophie. Blaise prêtait aux entretiens de ces savants une attention qui fit craindre à son père un ralentissement dans l'étude des langues anciennes qu'il avait *commencé* à étudier avec succès. On cessa de l'admettre aux réunions ordinaires, avec promesse de lui enseigner la géométrie comme une récompense dès qu'il aurait *acquis* une connaissance *suffisante* de lan-gue latine. Les notions éparses que l'enfant avait déjà *recueillies* sur cette science lui firent soupçonner qu'elle avait pour objet de tracer des figures parfaitement ré-gulières et de déterminer leurs rapports. Blaise, alors âgé de onze ans et demi environ, se mit à tracer, pen-dant ses heures d'amusements, des BARRES et des RONDS (c'est ainsi qu'il appelait les lignes et les cercles), à exa-miner leurs propriétés, à démontrer leurs rapports, et, chose qu'on n'avait jamais *vue !* il vint à bout de coordonner un enchaînement de vérités géométriques, depuis la définition de la ligne droite jusqu'à la pro-position qui établit les trois angles d'un triangle égaux à cent quatre-vingts degrés.

7.

4.

Il était *occupé* à chercher la démonstration de ce théorème, ou plutôt il l'avait *trouvée*, lorsque son père le surprit, et courut, les larmes aux yeux, raconter à un de ses amis le peu de peine que cette démonstration avait *coûté* à son fils. Dès ce moment, les études du jeune Blaise ne furent plus *assujetties* à la marche lente et progressive qu'on avait *résolu* d'observer. À seize ans, il composa le plus savant traité des SECTIONS CONIQUES qu'on eût *vu* depuis l'antiquité. En 1638, Étienne Pascal, *signalé* à Richelieu comme complice d'une brochure *publiée* contre un projet financier du ministre, fut *contraint*, pour éviter la Bastille, de se réfugier en Auvergne, *laissant* à Paris sa jeune famille qu'il avait *espéré* y surveiller. Mais Jacqueline, sa fille cadette, s'étant *chargée* d'un rôle dans une pièce de Scudéry, que la duchesse de Bouillon s'était *avisée* de faire représenter devant le cardinal, eut le bonheur d'attirer l'attention de Richelieu et d'obtenir le rappel de son père. Le ministre voulut voir Étienne Pascal et le nomma à l'intendance de Rouen, *devenue* récemment vacante.

5.

Dans cet emploi, qu'il exerça sept ans avec le zèle et l'intégrité qu'il avait déjà *montrées*, il avait souvent recours à son fils pour les opérations de calcul. Blaise imagina alors une MACHINE ARITHMÉTIQUE dont tous les physiciens ont *admiré* la conception ingénieuse et pour laquelle il obtint un privilége du roi, *accompagné* des éloges les plus flatteurs qu'un inventeur ait jamais *reçus*. On attribua aux efforts d'attention que lui avait *coûté* le travail, l'attaque de paralysie dont il fut *frappé* avant sa vingtième année, et qui ajouta encore au peu de santé que la nature lui avait *donné*. Le TRIANGLE ARITHMÉTIQUE, *destiné* pareillement à faciliter les calculs, fut *inventé* quelques années après, à l'occasion de certains problèmes qu'on lui avait *donnés* à résoudre sur les jeux de hasard. Ce travail, dont on apprécie moins la difficulté depuis que l'algèbre a *centuplé* les forces de l'esprit humain, le conduisit à des considérations neuves et très-profondes sur le calcul des probabilités, *devenu* par la suite une branche importante de l'analyse. Pascal était à Rouen, près de son père, lorsque les nouveaux aperçus que Toricelli avait *annoncés* sur la pesanteur de l'air furent *communiqués* aux physiciens de Paris. Mais ce rayon de lumière, *repoussé* par la routine des écoles, n'aurait peut-être jamais *dissipé* les ténèbres dont était *enveloppée* l'ancienne physique, si le génie de Pascal n'eût *confirmé* par de nouveaux essais la découverte du professeur florentin et ne l'eût *fortifiée* de toute la puissance de sa logique.

6.

Après avoir *publié* les expériences qu'il avait *faites* touchant le vide, expériences qui avaient complétement *réussi*, il écrivit à son beau-frère de porter le baromètre sur le Puy-de-Dôme. L'expérience de Clermont, *effectuée* avec toute la justesse qu'ayait *recommandée* Pascal, enleva aux partisans du vide le peu d'espérance qu'ils avaient *conservée*; ils ne se tinrent cependant pas pour *battus.* Mais les armes de la vérité entre les mains de Pascal devaient finir par triompher des erreurs que l'ancienne physique avait *accréditées. Encouragés* par les résultats qu'il avait *obtenus*, il publia son traité sur l'équilibre des liquides, *suivi* presque immédiatement d'un autre ouvrage sur la pesanteur de la masse de l'air, dans lequel il acheva d'anéantir cette horreur du vide qu'on n'avait pas *su* expliquer et qu'on avait *attribuée* si gratuitement à la nature. Il est impossible d'assigner les bornes où se serait *arrêté*, dans le domaine des sciences, un génie aussi éminemment créateur, si les afflictions *attachées* à sa frêle existence n'eussent *paralysé* ses travaux. La mort de son père et la retraite de sa plus jeune sœur dans la maison religieuse de Port-Royal livrèrent ce penseur profond à la plus triste solitude, et répandirent sur ses méditations ultérieures cette sombre mélancolie que Voltaire a *appelée* d'un misanthrope sublime.

7.

Les savants de Port-Royal, auxquels il rendait de fréquentes visites, lui présentaient toutes les distractions qu'il avait *espéré* trouver dans leur société; mais le caractère grave et religieux de leur philosophie accablait une âme qu'avaient déjà *fatiguée* ses propres pensées. On lui conseilla de se répandre dans le monde, où l'aménité de son caractère devait lui faire bientôt autant d'amis que l'éclat de sa réputation lui avait *fait* d'admirateurs. Il céda aux instances de l'amitié, et les agréments d'une société *choisie* commençaient à triompher de la tristesse à laquelle son âme s'était *laissée* aller, lorsque l'accident qui lui arriva à l'entrée du pont de Neuilly, où les chevaux de sa voiture tombèrent dans la Seine, frappa son imagination d'une terreur qui lui resta présente tant qu'il vecut. Après une si violente secousse *imprimée* à ses facultés morales, Pascal renonça aux études profanes, au commerce du monde et presque à la vie. Cette grande âme, *épouvantée* du néant des choses humaines, ne trouva d'asile que dans les livres saints, *devenus* l'unique sujet de ses méditations; et, pour briser plus vite les derniers liens qui le tenaient *attaché* à la terre, les privations les plus pénibles, et d'incroyables austérités, achevèrent la destruction d'une santé qu'avaient *ravagée* vingt ans de souffrance .

8.

Ce fut pendant cette dernière et triste période d'une vie si courte que le génie de Pascal, *absorbé* par d'accablantes considérations sur les misères de l'homme, se réveilla un instant au bruit des querelles qu'avait *soulevées* le jansénisme, et produisit les LETTRES PROVINCIALES. L'année qui suivit la publication de ces lettres, il travailla à quelques problèmes de géométrie qu'on l'avait *prié* de résoudre; huit jours lui suffirent pour trouver la solution qu'on lui avait *demandée*. Mais dans le dépérissement précipité de sa douloureuse existence, il éprouvait surtout le regret d'emporter à la tombe les matériaux *ébauchés* d'un grand ouvrage qu'il avait longtemps *médité* sur les preuves de la religion. Jaloux de sauver au moins les débris d'un trésor qui lui était plus cher que la vie, il reprit la plume. Ainsi furent *tracées* à la hâte et pêle-mêle les pensées de Pascal; et c'est dans quelques fragments épars, *confiés* à des feuilles *volantes* par une main déjà *glacée*, qu'il semble avoir *atteint* le plus haut degré du sublime accessible au génie de l'homme. Pascal mourut à Paris le 19 août 1662, à l'âge de 39 ans.

CXXXVI

LA PETITE LOUISE.

1.

C'était un soir d'hiver, le ciel était sombre, l'air glacial et la lande déserte. La petite Louise suivait le sentier *pratiqué* à travers les ajoncs sauvages, les bruyères et les genêts *défleuris*. Elle regagnait avec sa chèvre, qu'elle avait *menée* paître, la cabane où elle avait *laissé* sa mère malade. Elle marchait à pas précipités, et cependant, ni la solitude où elle se trouvait, ni le silence qui régnait autour d'elle ne lui faisaient peur; mais elle pensait avec tristesse que, par ce temps si froid, sa pauvre mère n'avait ni un bon feu pour réchauffer ses membres *engourdis* par le froid, ni de bons vêtements pour se couvrir. De gros soupirs s'échappaient de sa poitrine *oppressée*, et ses yeux étaient *mouillés* de larmes. Déjà elle avait *atteint* la grande route qui traversait la lande, et s'était pieusement *signée* en *passant* devant le vieux chêne creux où était *enfermée* une bonne vierge en granit, quand tout à coup elle aperçoit non loin d'elle quelque chose au milieu du chemin : c'est une bourse qu'un voyageur a *laissé* tomber. Louise l'ouvre... ô bonheur ! elle est pleine de pièces d'or.

2.

« Sainte Vierge ! la bonne trouvaille ! » s'écrie Louise ; et, tout heureuse, elle fait galoper sa chèvre, que la joie de sa petite maîtresse a *rendue* joyeuse ; toutes deux arrivent bientôt à la porte de la cabane.

« Mère ! mère ! s'écrie-t-elle en *voyant* paraître Ursule au seuil de la porte, vous allez avoir enfin de bons vêtements bien chauds.

— Que veux-tu dire ? mais quelle est cette bourse que j'ai *aperçue* entre tes mains ?

— Je l'ai *trouvée ;* elle contient beaucoup, beaucoup de pièces d'or... je n'en ai jamais tant *vu !*... regardez plutôt... Tenez, tout cela est pour vous !...

— Mais, mon enfant, les choses que nous avons *trouvées* nous appartiennent-elles ? Est-elle, par conséquent à toi, cette bourse que le hasard t'a *donnée ?* »

Louise, toute honteuse, baissa les yeux.

« Nous sommes si pauvres ! murmura-t-elle ; vous êtes malade, vous avez froid... »

Ursule la prit dans ses bras :

« Nous sommes pauvres, il est vrai, lui dit-elle avec une émotion qu'elle se serait *efforcée* en vain de cacher, mais nous sommes honnêtes. Ta tendresse pour moi t'a *entraînée* dans une grande faute. Est-il possible que tu te sois *imaginé* un seul instant que je consentirais à garder cette bourse, que je m'approprierais le bien d'autrui ? L'Oraison dominicale que je t'ai *ensei-*

gnée, et que je t'ai *recommandé* de dire soir et matin, n'a donc pas *gravé* dans ton esprit qu'il ne faut pas se laisser aller à la tentation? Hâte-toi, mon enfant, de demander pardon à Dieu de la faute que tu as *commise;* dis tout haut ton PATER! »

3.

Elle se mit à genoux et récita, avec une piété que vous eussiez *admirée*, la prière *enseignée* aux hommes par celui qui fraternisait avec eux et disait : NOTRE PÈRE. Quand elle fut *arrivée* à ces mots : « Ne nous laissez pas succomber à la tentation, » sa voix se brisa, et vous l'eussiez *vue* éclater en sanglots. La mère, tout *émue*, continua : « Mais délivrez-nous du mal. Ainsi soit-il ! »

Ursule compta ensuite les pièces d'or et chercha en vain dans le fond de la bourse si elle ne trouverait pas quelque indice sur celui qui l'avait *perdue*.

« Demain, dit-elle à sa fille, tu porteras cette bourse à Saint-Jean des Bois, chez le maire; il sait peut-être qui l'a *perdue*? »

Louise eut toute la soirée un ton et un air *contrits;* à peine toucha-t-elle à son morceau de pain noir, à peine trempa-t-elle ses lèvres dans la tasse de lait que lui avait *donnée* sa mère; et, pour la première fois, elle oublia sa chèvre, qui s'était *blottie* toute triste dans son coin. Elle se coucha ensuite; la joie et la peine qu'elle avait *éprouvées* tour à tour avaient *épuisé* ses forces, aussi ne tarda-t-elle pas à s'endormir.

4.

Ursule avait *connu* des jours meilleurs; mais, depuis que la mort l'avait *séparée* de son mari, sa vie n'avait été qu'une suite d'infortunes. Elle était *tombée* dans la pauvreté, et de la pauvreté dans la misère. *Obligée* de quitter la ferme que son mari avait *tenue* à bail pendant les douze années qu'avait *duré* leur union, et qu'elle n'avait *pu* continuer à faire valoir, elle s'était *établie* d'abord dans une maisonnette assez riante, espérant y vivre doucement avec sa fille d'une modeste aisance que lui avaient *procurée* ses économies; mais elle avait *essuyé* coup sur coup deux longues maladies qui lui avaient *enlevé* toutes ses épargnes, et elle était *restée* si faible que les occupations même les moins pénibles lui causaient beaucoup de fatigue. A peine pouvait-elle gagner sa nourriture et celle de sa fille. Le propriétaire de la maison qu'elle avait *louée, prévoyant* qu'il ne pourrait être *payé*, lui avait *signifié* de chercher une autre demeure, et elle était *venue* habiter la cabane de la lande. Là, depuis deux ans et demi, elle avait *subi* de rudes épreuves; mais, comme elle avait de la piété, et qu'elle s'était toujours *confiée* en Dieu, elle supportait ses malheurs avec résignation, et vous l'eussiez *entendue* dire : « Mon Dieu, que votre volonté soit *faite !* »

5.

La Providence un jour avait *adouci* sa misère. La petite Louise était *allée* au bois; comme elle en revenait toute *courbée* sous le poids des branches sèches qu'elle avait *ramassées*, elle fut *rencontrée* par un vieux pâtre dont les chèvres s'étaient prodigieusement *multipliées*, grâce aux soins dont il les avait *entourées*; en *voyant* Louise si *épuisée*, il lui offrit de lui traire du lait. Elle accepta avec reconnaissance, mais elle but en *soupirant* :

« Ah ! si je pouvais porter la moitié seulement de ce bon lait à ma mère !... elle en a plus besoin que moi.

— Est-ce qu'elle est malade ? demanda le bon chévrier.

— Hélas oui, répondit l'enfant, et la maladie a promptement *enlevé* le peu d'économie que nous avions *faites*; nous nous sommes *efforcées* en vain de sortir de notre triste position; et maintenant nous sommes si pauvres ! et ma mère est si malade !...

— Attends, mon enfant, attends. J'ai là une grande vieille gourde que j'ai *apportée* ce matin; je vais la remplir, et tu la lui porteras.

— Oh ! Dieu vous le rende ! »

Le bon chévrier attacha la gourde toute pleine au-dessus du fagot, et s'éloigna en *sifflant* gaiement un air, et content d'avoir *fait* une bonne action.

6.

Tout à coup il entendit en soi une voix qui lui disait : « Tu as trente chèvres !...

— C'est vrai, juste Ciel ! elle en aura une. »

Et s'étant *retourné*, il rappela la petite Louise qui, toute joyeuse, s'était *mise* à courir; et, quand elle fut à quelques pas de lui :

« Laisse-là ton fagot; je veux te donner la chèvre

que tu m'as *vu* traire et dont je t'ai *donné* du lait. Vous aurez là, ta mère et toi, une nourrice comme on en a rarement *trouvé*.

— Sainte Vierge ! » s'écrie la petite Louise, dont les joues se sont subitement *colorées*.

Le bon chévrier jeta une corde autour du cou de la chèvre, puis il en remit le bout à la petite fille, dont l'émotion s'était *trahie* par des larmes.

« Aimez-vous bien, mes enfants, dit le chévrier; adieu, ma grosse Jeannie. »

Et après avoir *passé* sa large main dans les longues barbes de la chèvre, il s'éloigna de nouveau, mais cette fois sans siffler, car il avait *vu* Louise coller un baiser sur son grossier vêtement de toile.....

7.

Depuis ce temps, la mère et la fille avaient été moins malheureuses. La chèvre était, en effet, la meilleure nourrice qu'on eût encore *trouvée;* son lait fit beaucoup de bien à Ursule, et Louise en eut sa part. Chaque jour, la petite fille menait paître la chèvre et trouvait en elle une compagne à la fois docile et folâtre, que vous eussiez *vue* tantôt se coucher sur l'herbe à ses pieds, tantôt bondir tout près d'elle ou venir manger dans sa main les herbes que Louise avait *cueillies* pour la joyeuse compagne. Mais l'hiver arriva avec le cortége de maux qu'il a toujours *apportés* aux cabanes. Ursule, qu'on avait presque *crue guérie*, retomba malade, et sa pauvre enfant *désolée* avait *failli*, comme nous l'avons *dit*, devenir bien coupable; car elle s'était *arrogé* le droit de garder la bourse qu'elle avait *trouvée*.

8.

Louise arriva vers dix heures et demie du matin à Saint-Jean des Bois, et elle ne se fut pas plutôt *informée* de la demeure du maire, qu'elle s'y rendit. On l'introduisit auprès de ce magistrat; elle fut *reçue* avec bienveillance. Quand elle eut *remis* la bourse et *répondu* aux questions qui lui furent *adressées*, elle allait se retirer, mais le magistrat la retint.

« Mon enfant, lui dit-il, écoutez-moi. Je ne veux pas vous adresser des éloges pour l'action que vous avez *faite*, elle est de simple justice. Vous avez *trouvé* cette bourse, vous vous êtes *empressée* de la rendre : vous n'avez *fait* là que votre devoir. Mais tout devoir *rempli* mérite une récompense. Celui à qui appartient cette bourse vous tiendra compte sans doute de la probité que vous avez *montrée*; je vais faire annoncer qu'une bourse a été *trouvée*, et je ne doute pas qu'on ne vienne bientôt la réclamer. En *attendant*, je veux vous témoigner la satisfaction que m'a *procurée* votre manière d'agir. Votre position me touche, vous m'inspirez de l'intérêt. Je vais faire placer sur une charrette quelques troncs d'arbres que le vent a *abattus* dans mon jardin, et je vais les faire transporter chez vous. Vous profiterez de l'occasion pour ne pas vous en retourner à pied; mais, auparavant, vous allez déjeuner avec moi, en famille. »

9.

Le digne maire présenta Louise à sa femme et à sa fille, qu'il s'était *empressé* d'appeler, et leur raconta tout. Elles furent tout *attendries* d'une si belle conduite; la mère glissa dans la main de Louise une pièce de cinq francs toute neuve, et la jeune fille lui donna un livre *orné* de belles gravures.

Le soir, à la cabane, un excellent feu pétillait dans l'âtre, et l'enfant regardait avec ravissement sa bonne mère dont les membres étaient enfin *réchauffés*.

Quelques jours après, le maire entra chez Ursule *accompagné* de celui à qui appartenait la bourse. C'était un des plus riches propriétaires qu'eût encore *eus* la Normandie. Il remercia vivement l'honnête Ursule et sa fille, et leur adressa même avec intérêt différentes questions auxquelles elles ne s'étaient pas *attendues*.

Se *tournant* ensuite vers le maire : « D'après les réponses que nous a *faites* tout à l'heure cette digne femme, lui dit-il, je vois que sa position est plus triste que je ne l'avais *cru*, et que vous l'aviez bien *jugée*. Puisqu'elle sait lire, écrire et compter, veuillez lui acheter, dans votre bourg, une petite boutique de denrées, et je vous tiendrai compte de la somme que vous aurez *déboursée*. Quant à sa fille, qu'elle aille à l'école, je me charge de payer pour elle. »

Ursule, Louise et leur chèvre quittèrent bientôt la cabane pour s'établir à Saint-Jean des Bois. Elles furent heureuses, et toujours la jeune fille se souvenait de la bourse quand, en *récitant* l'Oraison dominicale, elle disait : « Ne nous laissez pas succomber à la tentation. »

Imité du Trésor des Écoles.

CXXXVII

LA CORDILLÈRE DES ANDES.

1.

La Cordillère des Andes se développe sur une ligne de près de quinze mille kilomètres. *Élevée* au-dessus d'une crevasse qui divise d'un pôle à l'autre la moitié de notre planète, elle forme, non pas la plus haute, mais la plus longue de toutes les chaînes de montagnes. Inutile de dire qu'il est peu probable, quoi qu'en aient *dit* certains géologues, que cette masse énorme se soit *soulevée* tout d'un coup et tout entière à la fois. J'ai scrupuleusement *examiné* les roches qui s'y trouvent *superposées*, et je les ai *reconnues* d'âges très-divers. La différence que j'ai *remarquée* entre elles tient au mode et au temps où se sont *faits* les soulèvements. Sur la ligne immense des Andes, les bouches ignivomes sont très-nombreuses; j'en ai *compté* plus de quatre-vingts; c'est par ces bouches que la fournaise intérieure s'est *réservé* de communiquer, aujourd'hui encore, avec l'atmosphère de notre planète.

2.

Lorsque la Cordillère se divise en plusieurs chaînes *disposées* parallèlement, ce sont les chaînes les plus voisines de la mer qui offrent les volcans les plus actifs; on a *constaté* aussi que, toutes les fois que l'action du feu souterrain s'est *ralentie* dans un chaînon, elle a *éclaté* aussitôt dans un autre, parallèle au premier. Généralement, les cratères d'éruption suivent la direction de la chaîne; cependant, sur le plateau de Mexique, les volcans en activité sont *placés*, comme des cheminées immenses, sur une crevasse transversale qui s'est *formée* de l'est à l'ouest, d'un océan à l'autre. Telle est aussi la disposition que j'ai *constatée* dans le Pichincha, qui forme comme un long promontoire *détaché* de l'énorme intumescence volcanique du Quito. Ce volcan, le plus remarquable de tous ceux que j'ai *vus*, s'étend, comme une muraille noire sur un espace de quinze mille mètres, le long d'une faille *pratiquée* dans la partie de la Cordillère la plus voisine de la mer du Sud. Sur la crête de cette muraille, que j'ai *visitée* et *étudiée* avec soin, se succèdent deux coupoles *posées* comme des châteaux forts : le Picacho et le Pichincha, dont le sommet dépasse la ligne des neiges éternelles.

3.

Le cratère du Pichincha est ovale et *entouré* de trois rochers en forme de tours; il a été *comparé*, par La Condamine, au chaos des poëtes. « J'ai *gravi*, dit M. de Humboldt, le plus oriental de tous les rochers. Pour mieux examiner le gouffre béant, nous nous sommes *couchés*, moi et l'Indien qui m'accompagnait, à plat ventre sur l'orifice, et je ne crois pas que l'imagination la plus féconde en rêves effrayants ait jamais *conçu* quelque chose de plus sombre, de plus lugubre que ce que nous avons *vu* alors. Représentez-vous un puits circulaire, de plus d'une demi-lieue de tour, dont les parois, *taillées* à pic, ont leur margelle *couverte* de neige. L'intérieur est d'un noir intense. Mais le gouffre est si vaste, que j'y ai *distingué* le sommet de plusieurs montagnes *s'élevant* du sein de l'abîme à travers les ténèbres. Une soixantaine de fumerolles livides marquetaient leurs cimes, que j'ai *estimées* de quatre à cinq cents mètres au-dessous de nous. Jugez où doivent être *placées* leurs bases! Non, jamais la nature ne s'est *offerte* à moi sous un aspect aussi grandiose que sur les bords du cratère du Pichincha.

4.

La haute plaine de Quito, dont le Pichincha et le Cotopaxi peuvent être *considérés* comme *formant* les crêtes, n'est qu'un seul foyer volcanique. Depuis trois cents ans, la marche progressive de l'action plutonienne a *pris* dans cette contrée la direction du nord au sud. Les tremblements de terre qui s'y sont *produits*, et qui ont *causé* de si terribles ravages, attestent eux-mêmes l'existence de communications souterraines, non-seulement entre des régions où ne s'est *manifestée* aucune bouche volcanique, mais entre des cratères fort *éloignés* les uns des autres. Ainsi, vers la fin du siècle dernier, une haute colonne de fumée s'est *élevée* sans interruption, pendant trois mois et demi, du volcan de Pasto, et a *disparu* au moment même où, à plus de quatre-vingts lieues de là, le terrible tremblement de terre de Riobamba, *accompagné* d'une éruption boueuse, donnait la mort à trente ou quarante mille Indiens. Cette secousse du sol, une des plus formidables qu'ait *éprouvées* notre planète, ne fut *précédée* ni *annoncée* par aucun bruit souterrain. Seulement, quinze ou vingt minutes après la catastrophe, une immense détonation courut sous le sol de Quito, mais ne fut *entendue* ni sur le théâtre du désastre, ni dans son voisinage immédiat.

5.

En dehors de tout intérêt tragique, il se rattache à cet événement des faits qui ont *mérité* une attention particulière. Dans la plaine de Riobamba, des fissures se sont *ouvertes* et *refermées*, de telle façon que des hommes se sont *sauvés* en *étendant* les deux bras sur le sol *oscillant*. Des troupes de cavaliers ou de mulets *chargés* ont *disparu* dans les crevasses subitement *formées* sous leurs pas, tandis que d'autres échappaient au danger en se rejetant en arrière. La surface du terrain a été successivement *exhaussée* et *abaissée* par des oscillations irrégulières, qui ont *déposé* sans secousse sur le pavé de la rue des personnes *placées* à quatre ou cinq mètres plus haut, dans le chœur de l'église; de vastes maisons se sont *enfoncées* tout entières dans la terre, et avec si peu de dégâts que les personnes qui s'y trouvaient en ont *parcouru* saines et sauves l'intérieur, sont *allées* d'une chambre à l'autre, ont *ouvert* et *fermé* les portes, ont *allumé* des flambeaux, se sont *nourries* des provisions qu'elles avaient sous la main, et se sont *entretenues* des chances de salut qui leur restaient, jusqu'à ce qu'on les dégageât au bout de deux longues journées. Chose étrange! tandis qu'une portion notable des constructions de Riobamba disparaissait ainsi presque sans éboulement, sur un autre point de la vallée, une oscillation verticale, une force *dirigée* de bas en haut et *produisant* l'effet de l'explosion d'une mine, projetait, à une distance que j'ai *évaluée*

8

à un kilomètre, et jusque sur une colline haute de plus de deux cents pieds, les cadavres *mutilés* d'une multitude d'habitants, *mêlés* aux décombres de leurs habitations.

6.

Dans les tristes calamités auxquelles est *exposée* la race humaine, il n'y en a pas qui, dans une contrée peu *peuplée*, puisse, en moins de temps, faire autant de victimes que la production et la propagation de quelques ondes terrestres, *accompagnées* de crevassements... La plupart de ces phénomènes terribles, dans la Cordillère des Andes, doivent être *attribués* aux éboulements qui ont lieu dans l'intérieur de ces montagnes par le tassement qui s'opère et qui est une conséquence de leur soulèvement, c'est-à-dire de la manière dont elles se sont *formées*. La masse qui constitue ces cimes gigantesques n'a pas été *soulevée* à l'état pâteux, mais longtemps après que les roches s'étaient *solidifiées*. Comme le Cotopaxi, l'Antisana et la plupart des volcans dont les cratères se sont *ouverts* dans les Andes, la masse du Chimboraço même est *formée* de débris trachytiques *amoncelés* confusément. Ces fragments, d'un volume souvent énorme, ont été *soulevés* à l'état solide par des fluides élastiques qui ont *opéré* sur les points où ils ont *trouvé* le moins de résistance ; leurs angles sont toujours *tranchants*, et leur solidification ne s'est pas tellement *effectuée* dès le principe, qu'il n'y ait des tassements après le soulèvement, qu'il n'y ait des mouvements intérieurs dans leurs masses *agglomérées*.

7.

La terre, vieille de tant de siècles, a *conservé* une force intérieure qui a *élevé* des montagnes à travers sa croûte *oxydée*, a *renversé* des cités et *agité* la masse entière. La plupart des montagnes, en *sortant* du sein de la terre, ont *dû* y laisser de vastes cavités, qui sont *restées* vides, à moins qu'elles n'aient été *remplies* par l'eau ou par des fluides gazeux *dégagés* de cette eau par la chaleur centrale. C'est bien à tort que beaucoup de géologues théoriciens se sont *servis* de ces vides, qu'ils se sont *imaginé* se prolonger en longues galeries, pour expliquer la propagation au loin des tremblements de terre. Ces phénomènes, si grands et si terribles, sont de très-fortes ondes sonores, comme celles qui parcourent et ébranlent l'atmosphère, mais *excitées* dans la masse solide de la terre par une commotion quelconque qui s'y propage avec la même vitesse que le son s'y propagerait. On ne peut s'étonner de leur puissance lorsqu'on a *reconnu* ce que produit le simple mouvement d'une voiture sur le pavé. S'il ébranle les plus vastes édifices, et se communique à travers des masses considérables, comme vous vous en êtes sans doute *convaincus* dans les carrières profondes en dessous de Paris, quel ne doit pas être, dans l'épaisseur de l'écorce terrestre, l'effet *produit* par l'écroulement d'une paroi, la rupture d'un pilier ou la chute d'une vaste voûte de l'immense cavité d'où sont *sorties* les Andes.

D'après M. ALEX. DE HUMBOLDT.

CXXXIII

SUGER ET SAINT BERNARD.

1.

La France a *perdu* la même année deux hommes qui l'ont *illustrée*, l'un par des qualités et des talents utiles à la patrie, l'autre par son éloquence et des vertus *chéries* des chrétiens. Dans un temps où l'on ne songeait qu'à défendre les priviléges de l'Église, Suger a *défendu* ceux de la royauté et ceux du peuple ; si d'éloquents prédicateurs ont *animé* le zèle des guerres saintes, l'habile ministre de Louis VII a *préparé* la France à recueillir un jour les fruits salutaires de ces grands événements. On l'a *accusé* de s'être *laissé* introduire bien avant dans les affaires du siècle ; mais la politique ne lui a point *fait* oublier les préceptes de l'Évangile. Il a *vécu* à la cour en sage courtisan, et dans son cloître en saint religieux. On lui a *reproché* les grandes richesses qu'il avait *amassées*, mais il ne les a jamais *employées* que pour le service de la patrie et de l'Église, et jamais la France ne s'était *vue* plus riche que sous son administration. Toute sa vie a été une longue suite de prospérités et d'actions dignes de mémoire. Il a *réformé* les moines de son ordre sans mériter leur haine ; il a *fait* le bonheur des peuples qu'il a *eu* à diriger ; il a *servi* les rois et a *obtenu* leur amitié. La fortune l'a *favorisé* dans toutes les entreprises qu'il a *formées*, et pour qu'il n'y eût rien de malheureux dans sa vie, et qu'on ne pût lui reprocher aucune faute, il est *mort* lorsqu'il allait conduire **une** armée en *Orient*.

2.

Suger et saint Bernard, *unis* par la religion et par l'amitié, ont *eu* une destinée différente : le premier, *né* dans une basse condition, s'est *laissé* aller aux faveurs de la fortune, qui l'a *porté* aux plus grandes dignités; le second, *né* dans un rang plus *élevé,* s'est *hâté* d'en descendre, et n'a rien été que par son génie. Saint Bernard a *rendu* peu de services à l'État, mais il a *défendu* la religion avec un zèle infatigable; et, comme on plaçait alors l'Église avant la patrie, il a été plus grand aux yeux de ses contemporains que l'abbé Suger. Tant qu'il a *vécu*, toute l'Europe a *eu* les yeux *fixés* sur l'abbaye de Clairvaux; il était comme une lumière *placée* au milieu des chrétiens; toutes ses paroles avaient la sainte autorité de la religion qu'il s'était *proposé* de défendre. Il a *étouffé* tous les schismes, il a *fait* taire tous les imposteurs, et, par ses travaux, il a *mérité* dans son siècle le titre de DERNIER PÈRE DE L'ÉGLISE, comme le grand Bossuet l'a *mérité* dans le nôtre.

D'après MICHAUD.

CXXXIV

FORMATION DES PYRÉNÉES.

1.

La partie de terre *occupée* aujourd'hui par les Pyrénées a été une mer, d'abord *bouillante* et déserte, puis lentement *refroidie*, enfin *peuplée* d'êtres *vivants* et *exhaussée* par leurs débris. Cette croûte s'est ensuite *fendue*, et une longue vague de granit *fondu* s'est *élevée*, *formant* la haute chaîne du Maladetta et du Canigou. Ce que cette muraille de feu a *fait* lorsqu'elle s'est *dressée* dans cette mer *bouleversée*, l'imagination de l'homme ne l'a jamais *conçu*, quelques grands efforts qu'elle ait *faits*. La masse de granit s'est *empâtée* dans les rochers; les couches les plus basses se sont *changées* en ardoises, sous la tempête *embrasée*; les terrains plats se sont *redressés* et *renversés*. La coulée souterraine a *monté* d'un effort si brusque qu'ils se sont *collés* à ses flancs en étages presque perpendiculaires : « Elle s'est *figée* dans la tourmente, et son agitation se peint encore dans ses ondes *pétrifiées*. » Combien de siècles se sont *écoulés* entre cette révolution et celle qui l'a *suivie?* Les monuments manquent, les siècles n'ont pas *laissé* de traces. C'est une page *arrachée* dans l'histoire de la terre.

2.

Enfin la masse de l'océan s'est *déplacée*, peut-être par le soulèvement de l'Amérique; du sud-ouest, une mer est *venue* s'abattre sur la chaîne. Le choc est *tombé* sur la barrière noire *crénelée,* qu'on aperçoit vers Gavarnie. Ç'a été une destruction épouvantable d'animaux marins. Leurs cadavres ont *formé* des bancs coquilliers, qu'on traverse en *montant* à la Brèche; plusieurs couches du mont Perdu sont des champs de mort encore fétides. La mer *roulante, arrachant* son lit, l'a *charrié* contre les flancs, l'a *entassé* sur les cimes, a *mis* une montagne sur la montagne, a *couvert* l'immense écueil, et a *oscillé* en courants furieux dans son bassin *dévasté.* Il m'a *semblé* voir à l'horizon la nappe immense arriver plus haut que les cimes; je l'ai *vue* en esprit dresser ses flots sur le ciel, tourbillonner dans les vallées, et par-dessus les montagnes *noyées*, je l'ai *entendue* mugir comme une tempête.

3.

Cette mer apportait la moitié des Pyrénées; ses eaux violentes ont *appliqué* contre le versant primitif des étages calcaires *inclinés* et *tourmentés;* ses eaux *apaisées* ont *déposé* sur eux les hautes couches horizontales. Là-bas, au sud-ouest, le Viguemale en est *couvert.* Des générations d'êtres marins naissaient et mouraient pour élever les sommets; populations silencieuses et inertes qui pullulaient dans le limon tiède, et regardaient à travers leurs vagues vertes les rayons du soleil *bleui.* Ils ont *péri* avec leur sépulcre. Les orages ont *déchiré* les bancs où ils s'étaient *enfouis*, et ces lambeaux de leurs débris disent à peine combien de myriades de siècles ce monde *enseveli* a *vues* passer. Un jour enfin on a *vu* grandir les grands monts qui forment l'horizon au sud, le Viguemale, le mont Perdu, et tous les sommets *environnants*. Le sol avait *crevé* une seconde fois. Une ondée de nouveau granit s'élevait, *chargée* du granit ancien et de la prodigieuse masse des calcaires; les alluvions se sont *élevées* à plus de dix mille pieds; les anciennes cimes de granit pur étaient *dépassées*; les bancs de coquilles ont été *soulevés* dans les nuages, et les cimes *exhaussées* se sont *trouvées* pour toujours au-dessus des mers.

4.

Deux mers ont *séjourné* sur ces sommets; deux coulées de roche *embrasée* ont *dressé* ces chaînes. Quelle sera la révolution prochaine? Combien de temps l'homme durera-t-il encore? Un retrait de la croûte qui le porte fera jaillir une vague de lave, ou déplacera le niveau des mers. Nous vivons entre deux accidents du sol; notre vie dépend d'une variation de la chaleur; notre durée est une minute et notre force un néant. Nous ressemblons à de petits myosotis bleus que j'ai *vu* cueillir sur la côte; leur forme est délicate et leur structure admirable; la nature les a *prodigués* et les a *brisés;* elle a *mis* toute son industrie à les former et toute son insouciance à les détruire. Il y a plus d'art en eux que dans toute la montagne. Sont-ils *fondés* à prétendre que la montagne est *faite* pour eux?

D'après Taine.

CXXXV

MORT DE SOCRATE.

1.

Les onze magistrats qui veillent à l'exécution des criminels se sont *rendus*, dit un auteur contemporain, à la prison de Socrate, pour lui annoncer que le moment de son trépas était *arrivé*. Plusieurs de ses disciples sont ensuite *entrés;* ils ont *trouvé* auprès de lui Xanthippe, son épouse, *tenant* le plus jeune de ses enfants entre ses bras. Dès qu'elle les a *aperçus*, elle s'est *écriée* d'une voix *entrecoupée* de sanglots : « Ah! voilà vos amis, et c'est pour la dernière fois! » Socrate ayant *prié* Criston de la faire ramener chez elle, on l'a *arrachée* de ce lieu; alors elle a *jeté* des cris douloureux, et s'est *meurtri* le visage. Jamais il ne s'est *montré* à ses disciples avec tant de patience et de courage; ils ne pouvaient le voir sans être *oppressés* par la douleur, l'écouter sans être *pénétrés* de plaisir. Dans son dernier entretien, il leur a *dit* qu'il n'était *permis* à personne d'attenter à ses jours, parce que, *placés* sur la terre comme dans un poste, nous ne devons la quitter que par la permission des dieux; que, pour lui, *résigné* à leur volonté, il soupirait après le moment qui le mettrait en possession de la félicité qu'il avait *tâché* de mériter par sa conduite. De là, passant au dogme de l'immortalité de l'âme, il l'a *établie* par une foule de preuves qui justifiaient ses espérances. « Et quand même, a-t-il dit, ces espérances ne seraient pas *fon-*

dées, outre que les sacrifices qu'elles exigent ne m'ont pas *empêché* d'être le plus heureux des hommes, elles ont *écarté* loin de moi les amertumes de la mort, et *répandu* sur mes derniers moments une joie plus pure et plus délicieuse que vous ne vous l'êtes sans doute *imaginé*.

2.

Ainsi, a-t-il *ajouté*, tout homme qui, *renonçant* aux voluptés, a *pris* soin d'embellir son âme, non d'ornements étrangers, mais des ornements qui lui sont propres, tels que la justice et la tempérance, doit être plein d'une entière confiance, et attendre paisiblement l'heure de son trépas. Vous me suivrez quand la vôtre sera *venue;* la mienne approche, et, pour me servir d'une expression qu'un de nos poëtes a *employée :* « J'entends déjà sa voix qui m'appelle. » Il est *entré* ensuite, pour se baigner, dans une pièce *attenante* à celle où il se trouvait. Criton l'a *suivi;* ses autres amis se sont *entretenus* des discours qu'ils venaient d'entendre, et se sont *demandé* ce qu'ils allaient devenir après la mort de leur maître; ils se regardaient déjà comme des orphelins *privés* du meilleur des pères, et vous les eussiez *vus* pleurer moins sur lui que sur eux-mêmes. On lui a *présenté* ses trois enfants; il a *donné* quelques ordres aux femmes qui les avaient *amenés*, et, après les avoir *renvoyés*, il est *venu* rejoindre ses amis. Un moment après, le garde de la prison est *entré*. « Socrate, lui a-t-il *dit*, je ne m'attends pas aux imprécations que j'ai souvent *entendu* vomir contre moi quand je suis *venu* annoncer qu'il était temps de prendre le poison. De toutes les personnes que j'ai *vues* ici, aucune n'a *eu* la force et la douceur que vous avez *montrées*, aussi je suis *assuré* que vous n'êtes pas *fâché* contre moi, et que vous ne m'attribuerez pas votre infortune. Adieu; tâchez de vous soumettre à la nécessité. » Ses pleurs lui ont *permis* à peine d'achever, et il s'est *retiré* dans un coin de la prison, où il les a *répandus* sans contrainte. « Adieu, lui a *répondu* Socrate, je suivrai les conseils que vous m'avez *donnés*. »

3.

Socrate a *voulu* alors qu'on lui apportât le poison. Criton a *donné* des ordres, et, quand ils ont été *exécutés*, un domestique a *apporté* la coupe fatale; Socrate ayant *demandé* ce qu'il y avait à faire : « Vous promener après avoir pris la potion, répondit cet homme, et vous coucher sur le dos quand vos jambes seront *fatiguées* et que vous les aurez *senties* s'appesantir. » Alors, sans changer de visage, et, d'une main assurée, il a *pris* la coupe, et, après avoir *adressé* ses prières aux dieux, il l'a *approchée* de sa bouche. Dans ce moment terrible, le saisissement et l'effroi se sont *emparés* de toutes les âmes, et des pleurs involontaires ont *coulé* de tous les yeux; les uns, pour les cacher, ont *jeté* leur manteau sur leur tête; les autres se sont *levés* en sursaut et se sont *dérobés* à sa vue; mais, lorsque, ramenant leurs regards sur lui, ils se sont *aperçus* qu'il venait de renfermer la mort dans son sein, leur douleur, trop longtemps *contenue*, a été *forcée* d'éclater, et leurs sanglots ont *redoublé* aux cris du jeune Apollodore, qui, après avoir *pleuré* toute la journée, faisait retentir la prison de hurlements affreux.

4.

« Que faites-vous, mes amis? leur a *dit* Socrate sans s'émouvoir. J'avais *écarté* ces femmes, pour n'être pas témoin de pareilles faiblesses. Rappelez votre courage; j'ai toujours *ouï* dire que la mort devait être *accompagnée* de bons augures. Cependant il a *continué* à se promener : dès qu'il a *senti* de la pesanteur dans ses jambes, il s'est *mis* sur son lit et s'est *enveloppé* de son manteau. Le domestique a *montré* alors aux assistants les progrès que le poison avait *faits*. Déjà un froid mortel avait *glacé* les pieds et les jambes; quelques parcelles s'étaient même *insinuées* dans le cœur, lorsque Socrate, *soulevant* son manteau, a *dit* à Criton : « Nous devons un coq à Esculape; n'oubliez pas de vous acquitter de ce vœu. — Cela sera *fait*, a *répondu* Criton; mais n'avez-vous pas encore quelque ordre à nous donner? » Il n'a point *répondu ;* un instant après, il a *fait* un petit mouvement; le domestique l'ayant *découvert* a *reçu* son dernier regard, et Criton lui a *fermé* les yeux. Ainsi est *mort* un des hommes les plus religieux qu'il y ait jamais *eu*, le seul peut-être qui, sans crainte d'être *démenti*, pût dire hautement : Je n'ai jamais, ni par mes paroles, ni par mes actions, *commis* la moindre injustice.

D'après Barthélemy.

CXXXVI

BATAILLE DE ROCROI.

1.

Dieu avait *choisi* le duc d'Enghien pour défendre Louis XIV dans son enfance. Aussi, vers les premiers jours que le petit-fils de Henri IV a *commencé* à régner, le duc, à l'âge de vingt-deux ans, a *conçu* une entreprise où les vieillards *expérimentés* n'ont *pu* atteindre; mais la victoire l'a *justifié* devant Rocroi. L'armée que les ennemis se sont *proposé* d'opposer à la nôtre est plus forte, il est vrai; elle est *composée* de ces vieilles bandes valonnes, italiennes et espagnoles qu'on n'avait jamais *rompues* auparavant, quelques grands efforts qu'on eût *faits*. Mais pour combien fallait-il compter l'ardeur qu'avait *inspirée* à nos soldats le besoin *pressant* de l'État, les avantages *passés*, et un jeune prince puissant qui portait la victoire dans ses yeux? Don Francisco de Mellos l'attendait de pied ferme; et, sans pouvoir reculer, les deux généraux et les deux armées s'étaient *renfermés* dans des bois et dans des marais pour décider leur querelle, comme deux braves en champ *clos*. Alors quelles choses merveilleuses n'a-t-on pas *vues!* Le jeune prince a *paru* un autre homme. *Touchée* d'un si grand objet, sa grande âme s'est *déclarée* tout entière; sa valeur a *grandi* avec les périls, et ses lumières ont *crû* avec son ardeur. A la nuit, qu'il a *fallu* passer en présence des ennemis, comme un vigilant capitaine, il a *reposé* le dernier; mais jamais il n'a *reposé* plus paisiblement. A la veille d'un si grand jour, et dès la première bataille qu'il a *livrée*, il a été tranquille, tant il s'est *trouvé* dans son naturel; et on sait que le lendemain, à l'heure *marquée*, il a *fallu* réveiller d'un profond sommeil cet autre Alexandre.

<h2 style="text-align:center">2.</h2>

Le voyez-vous comme il vole, ou à la victoire, ou à la mort? Aussitôt qu'il a *porté* de rang en rang l'ardeur qu'il avait *sentie* s'allumer en lui, il a, presque en même temps, *poussé* l'aile droite des ennemis, *soutenu* la nôtre *ébranlée*, *rallié* les Français à demi *vaincus*, *mis* en fuite l'Espagnol victorieux, *porté* partout la terreur, et *étonné* de ses regards *étincelants* ceux qui s'étaient *imaginé* échapper à ses coups. Restait cette redoutable infanterie de l'armée d'Espagne, dont les gros bataillons *serrés*, semblables à autant de tours, mais à des tours qui sauraient réparer les défaites qu'elles auraient *essuyées*, demeuraient inébranlables au milieu de tout le reste en déroute, et lançaient des feux de toutes parts. Trois fois le jeune vainqueur s'est *efforcé* de rompre ces intrépides combattants, trois fois il a été *repoussé* par le valeureux comte de Fontaines, qu'on voyait *porté* dans sa chaise, et qui, malgré les infirmités que lui avaient *values* ses campagnes, montrait qu'une âme guerrière est maîtresse du corps qu'elle anime. Mais enfin il a *fallu* céder et renoncer à une victoire qu'il avait *crue assurée*. C'est en vain qu'à travers des bois, avec sa cavalerie toute fraîche, Bek a *précipité* sa marche pour tomber sur nos soldats que la lutte avait *épuisés*; le prince l'a *prévenu*; les bataillons *enfoncés* ont *demandé* quartier; mais la victoire va devenir pour le duc d'Enghien plus terrible que le combat.

3.

Pendant qu'avec un air *assuré* il s'avançait pour recevoir la parole de ces braves gens, ceux-ci, toujours en garde, ont *craint* la surprise de quelque nouvelle attaque; leur effroyable décharge a *mis* les nôtres en furie : on n'a plus *vu* que carnage; le sang a *enivré* le soldat, jusqu'à ce que le grand prince, qui n'a *pu* voir égorger ces lions comme de timides brebis, ait *calmé* les courages *émus*, et *joint* au plaisir de vaincre celui de pardonner. Quel a été alors l'étonnement de ces vieilles troupes et de leurs braves officiers, lorsqu'ils ont *vu* qu'il n'y avait plus de salut pour eux qu'entre les bras du vainqueur! De quels yeux ont-ils *regardé* le jeune prince, dont la victoire avait *relevé* la haute contenance, à qui la clémence ajoutait de nouvelles grâces! Qu'il eût encore volontiers *sauvé* la vie au brave comte de Fontaines! Mais il s'est *trouvé* par terre, parmi des milliers de morts dont l'Espagne a longtemps *senti* la perte. Le prince a *fléchi* le genou, et, dans le champ de bataille, a *rendu* au Dieu des armées la gloire qu'il lui envoyait. Là, on a *célébré* Rocroi *délivré*, les menaces d'un redoutable ennemi *tournées* à sa honte, la régence *affermie*, la France en repos, et un règne, qui devait être si beau, heureusement *inauguré*. L'armée a *commencé* l'action de grâce; toute la France l'a *suivie*.

D'après Bossuet.

CXXXVII

CONSIDÉRATIONS SUR LA SECONDE GUERRE PUNIQUE.

1.

La seconde guerre punique est si fameuse qu'il n'e[st] personne qui ne l'ait *lue* ou ne l'ait *entendu* raconter Quand on examine bien cette foule d'obstacles qui s[e] sont *présentés* devant Annibal, et que cet homme ex[-] traordinaire a tous *surmontés*, on a le plus beau de[s] spectacles que nous ait *fournis* l'antiquité.

Rome montra une constance que tous les historien[s] ont *regardée* comme prodigieuse. Après les journée[s] du Tessin, de Brébier et de Trasimène; après celle d[e] Cannes, plus funeste encore, *abandonnée* de presque tous les peuples d'Italie qui l'avaient *soutenue* d'abord, elle ne demanda point la paix. C'est que le sénat ne se départait jamais des maximes qu'il avait *adoptées* anciennement; il tenait avec Annibal la conduite qu'il avait *tenue* autrefois avec Pyrrhus, à qui il avait *refusé* tout accommodement tant qu'il serait en Italie; et l'on se souvient que, lors de la négociation de Coriolan, le sénat déclara qu'il ne violerait point les coutumes que les anciens avaient *établies;* que le peuple romain ne pouvait faire de paix tant que les ennemis étaient sur ses terres; mais que, dès que les Volsques se seraient *retirés,* on accorderait tout ce qui serait juste, quoi que ce fût.

2.

Rome fut *sauvée* par la force même de son institution. Après la bataille de Cannes, il ne fut pas *permis* aux femmes mêmes de verser des larmes; le sénat refusa de racheter les soldats qui s'étaient *laissé* faire prisonniers, et envoya les misérables restes de l'armée faire la guerre en Sicile, sans récompense, ni aucun honneur militaire, jusqu'à ce qu'Annibal fût *chassé* d'Italie. D'un autre côté, le consul Térentius Varron avait *fui* honteusement jusqu'à Venouse; cet homme, de la plus basse naissance, n'avait été *élevé* au consulat que pour mortifier la noblesse et la rendre responsable des défaites que Rome avait *essuyées*. Mais le sénat ne voulut pas jouir de ce malheureux triomphe; il vit combien il était nécessaire qu'il s'attirât, en cette occasion, la confiance que le peuple lui avait *refusée :* il alla au-devant de Varron, et le remercia de ce qu'il n'avait pas *désespéré* de la république. Ordinairement, ce n'est pas la perte réelle que l'on a *faite* dans une bataille, c'est-à-dire celle de quelques milliers d'hommes, qui est funeste à un État, mais la perte imaginaire et le découragement, qui le privent des forces mêmes que la fortune lui avait *laissées*.

3.

Il y a des choses que tout le monde dit, parce qu'elles ont été *dites* une fois. On croit qu'Annibal fit une faute insigne de n'avoir pas *attaqué* Rome, de ne pas l'avoir *assiégée* après la bataille de Cannes. Il est vrai que d'abord une grande frayeur s'était *emparée* de Rome;

mais il n'en est pas de la consternation d'un peuple belliqueux, consternation que l'on a presque toujours *vue* se tourner en courage, comme de celle d'une vile populace qui n'a jamais *senti* que sa faiblesse. Une preuve qu'Annibal n'aurait pas *réussi*, c'est que les Romains se trouvèrent en état d'envoyer partout du secours. On dit encore qu'Annibal fit une grande faute de mener son armée à Capoue, où elle se fut bientôt *amollie*; mais on ne considère point que l'on ne remonte pas à la vraie cause. Les soldats de cette armée, que tant de victoires avaient *enrichis*, n'auraient-ils pas *trouvé* partout Capoue? Ce furent les conquêtes mêmes qu'avait *faites* Annibal qui commencèrent à changer la fortune de cette guerre. Il n'avait pas été *envoyé* en Italie par les magistrats de Carthage; il recevait très-peu de secours, soit par jalousie d'un parti, soit par la trop grande confiance de l'autre. Tant qu'il resta avec son armée ensemble, les Romains furent *battus*; mais lorsqu'il fallut qu'il mît des garnisons dans les villes *prises*, qu'il défendît ses alliés *attaqués*, qu'il assiégeât les places, ou qu'il les empêchât d'être *assiégées*, ses forces se trouvèrent trop petites; et il perdit en détail une partie de son armée. Les conquêtes sont aisées à faire, parce qu'on les fait avec toutes les forces qu'on a *mises* en rang; elles sont difficiles à conserver, parce qu'on ne les défend qu'avec une partie de ses forces.

D'après Montesquieu.

CXXXVIII

LE CORPS DE L'HOMME.

1.

Le corps de l'homme est *pétri* de boue; mais admirons la main qui l'a *façonné*. Le sceau de l'ouvrier est *empreint* sur son ouvrage; il semble avoir *pris* plaisir à faire un chef-d'œuvre avec une matière si vile. Jetons les yeux sur ce corps, où les os soutiennent les chairs dont ils sont *enveloppés :* les nerfs qui y sont *tendus* en font toute la force; et les muscles, où les nerfs se trouvent *entrelacés*, font les mouvements les plus justes et les plus réguliers, comme vous l'avez sans doute *remarqué*, pour peu que vous les ayez *vus* s'enfler ou s'allonger. Les os sont *brisés* de distance en distance; ils ont des jointures où ils sont *emboîtés* les uns dans les autres, et ils sont *liés* par des nerfs et par des tendons. Rien d'ailleurs de plus ferme et de plus durable. Après même que la mort s'est *emparée* de ce corps, et que la corruption en a *séparé* les parties, on voit encore ces jointures et ces liaisons qui ne peuvent qu'à peine se détruire. Ainsi cette machine est droite ou *repliée*, roide ou souple, comme l'on veut. Du cerveau, où se trouve *placée* la source de tous les nerfs, partent les esprits. Ils sont si subtils, qu'on ne les a jamais *vus*, et néanmoins si réels et d'une action si forte, qu'ils font tous les mouvements de la machine et toute sa force.

2.

Regardons cette chair : celui qui l'a *formée* l'a couverte, en certains endroits, d'une peau tendre et délicate pour l'ornement du corps. Si cette peau, qui rend l'objet si agréable et d'un si doux coloris, était *enlevée*, le même objet deviendrait hideux, ferait horreur. En d'autres endroits, cette même peau est plus dure et plus épaisse pour résister aux fatigues de ces parties. Par exemple, combien la peau dont est *revêtue* la plante des pieds est-elle plus grossière que celle de notre visage! Cette peau est *percée* partout comme un crible; mais ces trous, qu'on a *désignés* sous le nom de pores, sont insensibles. Quoique la sueur et la transpiration s'exhalent par ces pores, le sang ne s'échappe jamais par là. Si cette peau était moins *serrée* et moins *unie*, le visage paraîtrait sanglant et comme *écorché*. Qui est-ce qui a *tempéré* ces couleurs et les a *mélangées* pour faire une si belle carnation, que tous les peintres ont *admirée*, et que tous n'ont *imitée* qu'imparfaitement? On trouve dans le corps humain des rameaux innombrables : les uns portent le sang du centre aux extrémités, et on les a *nommés* artères; les autres le rapportent des extrémités au centre, et ont *reçu* le nom de veines. Ce sang arrose la chair, comme les fontaines et les rivières arrosent la terre. Après s'être *filtré* dans les chairs, il revient à sa source plus lent et moins plein d'esprit; mais il se renouvelle et se subtilise de nouveau dans cette source, pour circuler sans fin.

3.

Voyez-vous cet arrangement et cette proportion des membres? Les jambes sont de grands os *emboîtés* les uns dans les autres et *liés* par des nerfs : ce sont deux espèces de colonnes égales et régulières qui s'élèvent pour soutenir tout l'édifice. Chaque colonne a son piédestal, qui est *composé* de pièces *rapportées*, et si bien *jointes* ensemble qu'elles peuvent se plier ou se tenir roides, selon le besoin. Dans le pied on ne voit que nerfs, que tendons, que petits os étroitement *liés*, afin que cette partie soit tout ensemble souple et ferme. Le corps de l'édifice est *proportionné* à la hauteur des colonnes. Là sont *contenues* toutes les parties qui sont nécessaires à la vie, et qui par conséquent doivent être *placées* au centre et *renfermées* dans le lieu le plus sûr. Quant à l'épine du dos, on ne voit rien, dans tous les ouvrages que les hommes ont *faits*, qui soit *travaillé* avec un tel art : elle serait trop roide et trop fragile, si elle n'était *formée* que d'un seul os; en ce cas, les hommes ne pourraient jamais se plier. L'auteur de cette machine a *remédié* à cet inconvénient en *formant* des vertèbres qui, s'*emboîtant* les unes dans les autres, font un tout de pièces *rapportées*, qui a plus de force qu'un tout d'une seule pièce. Mais qui n'admirera la nature des os? Celui qui les a *faits* leur a *donné* une grande dureté, et cependant ces os sont très-légers, grâce aux trous innombrables dont il les a *percés*.

4.

Du haut de cet ouvrage si précieux que nous avons
dépeint, pendent les deux bras, qui sont *terminés* par
les mains, et qui ont une parfaite symétrie entre eux.
Les bras tiennent aux épaules, de sorte qu'ils ont un
mouvement libre dans cette jointure. Ils sont encore
brisés au coude et au poignet, pour qu'ils puissent se
replier et se tourner avec promptitude. Les mains sont
un tissu de nerfs et d'osselets *enchâssés* les uns dans
les autres, qui ont toute la force et toute la souplesse
convenables pour saisir les corps. Les doigts, dont les
bouts sont *armés* d'ongles, sont *faits* pour exercer, par
la variété de ces mouvements que chacun de nous les
a *vus* exécuter, les arts les plus merveilleux. Les bras
et les mains servent encore, suivant qu'on les a *étendus*
ou qu'on les a *repliés*, à mettre le corps en état de se
pencher, sans s'exposer à aucune chute. Au-dessus du
corps se trouve le cou, ferme ou flexible, selon qu'on
le veut. Ce cou porte la tête, *fortifiée* de tous les côtés
par des os très-épais, pour mieux conserver les précieux trésors qui lui ont été *confiés*. Sur le devant de
la tête sont *placés* les deux yeux; celui qui les a *faits*
y a *allumé* je ne sais quelle flamme céleste, à laquelle
rien ne ressemble dans tout le reste de la nature. Ils
sont *ornés* de deux sourcils égaux; et, afin qu'ils
puissent s'ouvrir et se fermer, ils sont *enveloppés* de
paupières *bordées* d'un poil qui défend une partie si
délicate.

5.

Le front donne de la grâce et de la majesté à tout le visage; il sert à relever les traits. Sans le nez, *posé* dans le milieu, tout le visage serait plat et difforme. On peut juger de cette difformité quand on a *vu* des hommes en qui cette partie du visage est *mutilée*. Il est *placé* au-dessus de la bouche, pour discerner plus commodément par les odeurs tout ce qui est propre à nourrir l'homme. Quant aux lèvres, elles ont une couleur vive et fraîche que les plus grands peintres ont vainement *essayé* d'obtenir. Ces lèvres, quand elles s'ouvrent, découvrent un double rang de dents dont la bouche est *ornée :* ces dents sont de petits os *enchâssés* avec ordre dans les deux mâchoires, et *brisant* comme un moulin les aliments, pour qu'ils puissent être *digérés* plus facilement. Enfin, la langue est un tissu de petits muscles et de nerfs, si souple que chacun de nous l'a *sentie* maintes et maintes fois se replier, comme un serpent, avec une mobilité et une souplesse inconcevables. Qui pourrait expliquer la délicatesse des organes par lesquels l'homme discerne les sens, les saveurs et les odeurs des corps que le Créateur a *répandus* en si grand nombre dans la nature? Avec quel soin l'ouvrier qui a *fait* nos corps a-t-il *donné* à nos yeux une enveloppe humide et coulante pour les fermer? Et pourquoi a-t-il *laissé* nos oreilles *ouvertes?* C'est, dit le plus grand des orateurs que Rome ait *eus*, parce que les yeux ont besoin de se fermer à la lumière pour le sommeil, et que les oreilles doivent demeurer *ouvertes* pendant que les yeux se ferment, pour nous avertir et pour nous éveiller par le bruit, quand nous courons risque d'être *surpris.* Tel est, en gros, le corps de l'homme.

D'après FÉNELON.

CXXXIX

LES AIGLES DE WASHINGTON.

1.

C'est, dit M. Aubudon, un des plus savants naturalistes que l'Angleterre ait *vus* naître, une soirée d'hiver, dans le mois de février mil huit cent, que, pour la première fois de ma vie, malgré toutes les peines que je m'étais *données,* j'eus l'occasion de voir ce rare et noble oiseau, et je n'oublierai jamais le plaisir que sa vue me causa. Nous remontions le Mississipi, pour exécuter une entreprise commerciale que nous avions *résolue* depuis longtemps, et sur laquelle nous avions *fondé* de grandes espérances; nous avancions péniblement; une bise piquante, que nous avions *sentie* s'élever presque subitement, soufflait avec force sur nos têtes, et le froid dont je souffrais excessivement eut bientôt *éteint* en moi la douce impression que m'avait toujours *procurée* la vue de ce beau fleuve. Je m'étendis donc auprès de notre patron, *oubliant* les soins que j'aurais *dû* prendre de la cargaison; la seule chose qui fixât mon attention, c'était la quantité de canards de différentes espèces, *accompagnés* de grandes bandes de cygnes, que nous voyions de temps en temps passer près de nous. Mon patron était un Canadien, qui avait été *employé* plusieurs années dans le commerce des fourrures. Il avait beaucoup d'intelligence; *s'apercevant* que ces oiseaux frappaient ma curiosité, il parut *charmé* de trouver quelque nouvel objet qui pût me distraire.

2.

« Monsieur, monsieur, s'écria-t-il; regardez donc les grands aigles qui volent au-dessus de votre tête : en avez-vous jamais *vu* de plus beaux ? Ce sont les premiers que j'aie *aperçus* depuis que nous avons *quitté* les lacs. » Je me levai aussitôt; et, après avoir *observé* ces oiseaux avec attention, je conclus que c'était une espèce que les naturalistes n'avaient point encore *étudiée*. Mon patron m'assura que ces oiseaux étaient très-rares; qu'ils suivaient quelquefois les chasseurs, se *nourrissant* des carcasses des oiseaux qu'ils ont *tués,* quand les lacs sont *couverts* de glace; et, lorsque la glace a *disparu,* *plongeant* en plein jour sur les poissons et *fondant* sur eux à la manière des éperviers pêcheurs; se *juchant* généralement sur les flancs des rochers, où ils bâtissent leurs nids. La quantité de duvet blanc *répandu* au bas lui en avait *fait* découvrir plusieurs. On verra que cette remarque s'est *accordée* avec les observations que j'ai *eu* l'occasion de faire plus tard. *Convaincu* que cet oiseau était inconnu aux naturalistes, j'éprouvai un vif désir de connaître ses mœurs et toutes ses particularités caractéristiques.

9

3.

Dans les États-Unis, — je parle seulement de la partie de ce pays que j'ai *parcourue* et où je les ai *vus*, — ces oiseaux sont très-rares ; et il sera facile de le croire, lorsqu'on saura que, pendant plusieurs des longs voyages que nous avons *faits*, je n'en ai jamais *rencontré* plus de huit ou neuf et un seul nid, quelque minutieuses qu'aient été les recherches auxquelles je me suis *livré*. A dater de ma première découverte, ce ne fut que quelques années après que je rencontrai cet oiseau ; je pêchais alors des écrevisses dans une de ces plaines qui bordent la rivière Verte, dans le Kentucky, et que vous avez peut-être *parcourue*.

J'observai sur les rochers qui sont presque perpendiculaires une quantité d'ordures blanches ; pendant que les hiboux affluaient dans cet endroit, où ils semblaient s'être *donné* rendez-vous, je faisais part de ma réflexion à l'un de mes compagnons, qui me dit que c'était le nid de l'aigle brun, *voulant* parler du petit aigle à tête blanche. Je lui assurai que cela ne pouvait être, et je lui rappelai que ces espèces ont des habitudes bien *constatées*, et qu'on ne les a jamais *vus* bâtir dans des lieux semblables, mais toujours dans des arbres.

4.

Sans répondre à l'objection que je lui avais *faite*, il soutint cependant qu'un aigle brun, d'une espèce au-dessus de la dimension ordinaire, avait *bâti* là. Il ajouta qu'il avait *épié* le nid quelques jours auparavant, et qu'il avait *vu* le père ou la mère plonger et saisir un poisson, — chose qui lui avait *paru* étrange, *ayant* jusqu'alors *observé* que les aigles bruns et chauves procurent cette espèce de nourriture à leurs petits, en *volant* les éperviers pêcheurs, — mais que, si j'étais impatient de connaître son nid, je pourrais bientôt me satisfaire; car le mâle ou la femelle viendrait apporter du poisson aux petits, circonstance qu'il avait plusieurs fois *remarquée*.

Dans cette attente, je m'assis à deux cents pas du pied du rocher. Jamais temps ne passa plus lentement; deux longues heures s'étaient *écoulées*, et le père n'avait pas encore *fait* son apparition, qui nous fut *annoncée* par les grands sifflements des deux petits, que vous eussiez *vus* se traîner sur les bords du nid pour recevoir un beau poisson.

5.

J'examinai à mon aise ce noble oiseau qui s'avançait sur le bord du rocher, la queue *étalée* et les ailes *entr'ouvertes*, à peu près comme l'hirondelle de rivière. Je tremblais qu'un mot n'échappât à un de ceux que j'avais *amenés* avec moi : le moindre bruit de leur part nous eût *trahis;* mais, quoique peu *intéressés* à cette découverte, ils restèrent aussi attentifs que moi. Au bout de quelques minutes, l'autre parent joignit son compagnon, et la différence de la taille — la femelle *étant* beaucoup plus grosse — nous eut bientôt *appris* que c'était la mère. Elle avait aussi *apporté* un poisson; mais, plus prudente que son mâle, avant de se diriger vers le nid, elle avait *lancé* un regard vif et perçant autour d'elle : aussitôt elle s'était *aperçue* que le lieu qui recélait ses petits avait été *découvert,* elle avait *laissé* tomber sa proie, avait *communiqué* l'alarme à son mâle par un cri perçant, avait *voltigé* sur nos têtes, puis nous avait *menacés* par un cri *prolongé,* comme pour nous intimider et nous faire prendre la fuite. Cette sollicitude particulière et attentive, je l'ai toujours *trouvée* chez la femelle.

6.

Les petits s'étant *cachés,* nous avançâmes et nous prîmes le poisson que la mère avait *laissé* tomber. C'était une perche blanche *pesant* environ cinq livres et demie. La partie supérieure de la tête était *brisée,* le dos *déchiré* par les serres de l'aigle.

La journée étant *terminée,* nous convînmes de revenir le lendemain matin; mais le temps fut si mauvais, que nous fûmes *obligés* de remettre notre expédition à trois jours de là. Alors, *armés* de fusils et *accompagnés* d'hommes résolus, nous gravîmes le rocher. Plusieurs se postèrent en bas, d'autres dessus, mais en vain; la journée était *finie,* et nous n'avions ni *vu* ni *entendu* un aigle. Les clairvoyants oiseaux, ayant sans doute *prévu* une invasion, avaient *transporté* leurs petits dans de nouveaux quartiers. Cependant le jour que j'avais si souvent et si ardemment *désiré* arriva. Deux ans s'étaient déjà *écoulés* en vaines excursions, depuis la première découverte que j'avais *faite*; mais je ne devais pas tarder à satisfaire ma curiosité.

7.

Un jour, que je revenais du petit village de Henderson à la maison du docteur R***, distante de deux milles environ, j'aperçus à quatre-vingts pas de moi le commencement d'un petit enclos, où le docteur avait *fait* tuer des porcs peu de jours auparavant. Quel fut mon étonnement en *voyant* un bel aigle *perché* sur un petit arbre qui séparait l'enclos du chemin ! Je préparai aussitôt mon arme, que j'avais *emportée* ce jour-là, et j'allai tout doucement et avec circonspection vers lui. Il me vit approcher et me regarda d'un œil intrépide. Je fis feu, il tomba. Il était *mort* avant que je ne l'eusse *ramassé*. Avec quel bonheur j'examinai cet oiseau magnifique ! Je courus le présenter à mon ami avec un orgueil qui ne peut être *compris* que par les gens qui, comme moi, ont, dès leur tendre enfance, *entrepris* de semblables recherches, et qui y ont *trouvé* leur plaisir, tandis que les autres me traiteront de bavard ridicule. Le docteur examina l'oiseau avec beaucoup d'intérêt et m'avoua franchement qu'il ne le connaissait pas, qu'il n'en avait même jamais *entendu* parler. Le nom que je choisis pour cette nouvelle espèce d'aigle fut OISEAU DE WASHINGTON ; c'est, sans contredit, la plus belle espèce *connue* des naturalistes.

CXL

SAINT-PIERRE DE ROME.

1.

Saint-Pierre est l'œuvre d'une pensée, d'une religion, de l'humanité tout entière à une époque du monde! Ce n'est plus là un édifice *destiné* à contenir un vil peuple. C'est un temple *destiné* à contenir toute la philosophie, toutes les prières, toute la grandeur, toute la pensée de l'homme. Les murs semblent s'être *élevés* et *agrandis*, non plus à la proportion d'un peuple, mais à la proportion de Dieu. Michel-Ange seul a *compris* le catholicisme, et lui a *donné* dans Saint-Pierre sa plus sublime et sa plus complète expression. Saint-Pierre est véritablement l'apothéose en pierres, la transfiguration monumentale de la religion du Christ. Les architectes qui ont *élevé* les cathédrales gothiques étaient des barbares sublimes. Michel-Ange seul a été un philosophe dans sa conception. Saint-Pierre, c'est le christianisme philosophique, d'où l'architecte divin a *chassé* les ténèbres, et où il a *fait* entrer l'espace, la beauté, la symétrie, la lumière à flots intarissables. La beauté incomparable de Saint-Pierre de Rome, c'est que c'est un temple qui ne semble *destiné* qu'à revêtir l'idée de Dieu de toute sa splendeur; c'est le temple le plus abstrait que jamais le génie humain, *inspiré* d'une idée divine, ait *construit* ici-bas.

2.

Quand on entre dans Saint-Pierre de Rome, on ne sait pas si l'on entre dans un temple antique ou dans un temple moderne; l'œil n'est *offusqué* par aucun détail, la pensée n'est *distraite* par aucun symbole : les hommes de tous les cultes y sont toujours *entrés* avec le même respect. On sent que c'est un temple qui ne peut être *habité* que par l'idée de Dieu, et que toute autre idée ne le remplirait pas. Que le prêtre soit *changé*, l'autel *ôté*, les tableaux *détachés*, les statues *emportées*, rien ne sera *changé*, ce sera toujours la maison de Dieu! ou plutôt, Saint-Pierre est à lui seul un grand symbole de ce christianisme éternel qui, *possédant* en germe dans sa morale et dans sa sainteté les développements successifs de la pensée religieuse de tous les siècles et de tous les hommes, s'est *ouvert* à la raison à mesure que Dieu l'a *fait* luire, a *communiqué* avec Dieu dans la lumière, s'est *élargi* et *élevé* aux proportions de l'esprit humain, a *grandi* sans cesse, a *recueilli* tous les peuples dans l'unité d'adoration, et a *fait* de toutes les formes divines un seul Dieu, de toutes les fois un seul culte, et de tous les peuples une seule humanité. Michel-Ange est le Moïse du catholicisme monumental, tel qu'il sera un jour *compris*. Il a *construit* l'arche impérissable des temps futurs, le Panthéon de la raison *divinisée*.

LAMARTINE.

CXLI

LES SOUVENIRS D'ENFANCE.

1.

Que les souvenirs d'enfance reviennent avec joie à notre cœur, et que les premiers jours que nous avons *vécu* sont beaux et dorés, quand on les voit de loin et que l'imagination les a *ressuscités* et *embellis!*

J'ai *revu*, cette année-ci, le toit où se sont *passées* mes premières années; j'ai *retrouvé* mes anciens amis de village, mes camarades d'autrefois; il en est deux que j'ai toujours *aimés* entre tous les autres : Jacques, un bon garçon de vingt-cinq ans aujourd'hui, et Muffle, un chien de dix-huit ans. Le bouvier et le chien, c'é- taient là mes deux amis intimes. Le chien a *vieilli,* le bouvier a *grandi.*

Ce brave Jacques est en outre fils de celle qui m'a *nourrie.* Nous avons *partagé* jadis les pommes *volées* en commun sur les pommiers de ma tante, et les noix *abattues* le long des chemins; nous avons *fait* en- semble maintes courses joyeuses sur les grèves *mouil- lées* et *tremblantes* à la marée basse; ensemble nous avons *mis* à sec bien des fois des flaques d'eau que la mer, en se *retirant*, avait *faites* dans les sables. Pen- dant que je jouais sur le bord, *tenant* par les ailes les demoiselles bleues et vertes qui s'étaient *laissé* prendre, les *lâchant* et les *reprenant* ensuite, comme fait un chat d'une jeune souris qu'il a *attrapée*, il était dans l'eau, le bon Jacques, le pantalon de toile bleue *relevé*, *tarissant* à grands seaux notre trou d'un mètre de long et d'un demi-mètre de profondeur. Des rigoles, que nous avions ingénieusement *tracées* à droite et à gauche, nous aidaient dans nos travaux. Puis, quand nous approchions du fond, que nous voyions les écrevisses *battant* de la queue courir déjà sous les pierres, et les crabes *faisant* claquer leurs pattes comme une lime d'acier, s'enfuir au loin *effrayés* de nos chants et du bruit de nos exploits, je quittais la rive et venais à lui, et tous deux nous remplissions de crabes, d'huîtres et de moules les petits paniers de roseau que nous avions *apportés*.

2.

Quelquefois la pêche était plus abondante. Les peuplades de petits poissons se *suivant* en longues lignes sous les rayons *brûlants* du soleil, tentaient notre ambition. Nous les prenions entre nos doigts; nous leur faisions une prison de nos mains *enfermées*; mais ils glissaient et nous échappaient, et, *frétillant* de la queue, *ouvrant* la bouche, ils retombaient dans l'eau et s'enfonçaient précipitamment jusqu'à ce qu'on ne les vît plus. Il ne restait qu'un sillon, une ride à la surface boueuse de notre trou, et c'était nouvelle peine pour les reprendre, jusqu'à ce que, à la fin, nous en étant *rendus* bien maîtres, nous les jetions au loin sur le sable avec un cri de joie. Là, ils remuaient tout le corps, ils se tordaient, et, *tournant* leur ventre au soleil, ils nous montraient leurs écailles bleues, vertes et roses, *brillant* d'un dernier éclat.

Pendant ce temps, Muffle rôdait autour de nous, *aboyant* contre quelque génisse blanche qui baissait la tête et présentait les cornes. Le chien joyeux sautait de côté et lutinait la jeune bête, que vous eussiez *vue* courir çà et là. Puis il revenait à nous, son long poil gris *hérissé* de fatigue, la langue *tirée* et *bavante*, et s'étendait sur le bord, nous *suivant* de l'œil et des mouvements de la queue.

Le soleil baissait, les taureaux noirs secouaient leurs sonnettes, les grillons chantaient, *appelant* la rosée, l'ombre descendait le long des montagnes et des gorges, et nous revenions heureux de la capture que nous avions *faite*. Jacques, Muffle et moi, nous rentrions dans le village au milieu des troupeaux *regagnant* leurs étables, des nuages de poussière *soulevés* sur la grande route, et des derniers sons des cornes des bouviers.

O les heureux jours! ô la vie privée et tranquille! ô la jeunesse de Muffle, et mon enfance à moi! Tout cela ne reviendra pas!

D'après Ernest Falconnet.

F I N

TABLE

LIBRAIRIE LAROUSSE ET BOYER

MÉTHODE DE CALCUL ORAL, mise à la portée des jeunes enfants, renfermant plus de 250 *Exercices et Problèmes variés*, par Mlle Glaris... Juranvil..., institutrice. — Prix. . . . . 30 c.

PETITE ARITHMÉTIQUE ENSEIGNÉE, contenant 1,156 *Exercices et Problèmes variés*, par Charles Sabaté.

    Partie de l'Élève, 40 cent. — *Solutions*. . . . . 50 cent.

L'ARITHMÉTIQUE ENSEIGNÉE, cours de première année, contenant plus de 1,000 *Exercices et Problèmes usuels*, par LE MÊME.

    Partie de l'Élève, 1 fr. 10. — *Solutions*. . . . . 1 fr.

L'ARITHMÉTIQUE ENSEIGNÉE, cours de deuxième année, par LE MÊME.

    Partie de l'Élève, 1 fr. 10. — *Solutions*. . . . . 1 fr.

EXERCICES ET PROBLÈMES D'ARITHMÉTIQUE, présentant progressivement les difficultés du calcul et des opérations, les diverses formes employées dans les énoncés, et de nombreuses applications aux connaissances utiles, avec des données exactes et positives, par Am. Jacquet.

    1er DEGRÉ. — *Livre de l'Élève*, 1 fr. — *Solutions*. . . . . . 1 fr. 50
    2e DEGRÉ. — *Livre de l'Élève*, 1 fr. 50. — *Solutions*. . . . 1 fr.

LE SYSTÈME MÉTRIQUE DÉMONTRÉ EN ACTION, ou 400 *Exercices simples et faciles*, mis à la portée des enfants de 7 à 10 ans, par J. L. C. Renaudin. — Prix, cartonné. . . . . 40 cent.

SYSTÈME MÉTRIQUE DES ÉCOLES PRIMAIRES, faisant suite au *Système métrique démontré en action*, par LE MÊME; contenant des Exercices oraux, des Exercices écrits et des Problèmes de récapitulation; enrichi de figures intercalées dans le texte, et mis à la portée des enfants de 10 à 13 ans.

    Partie de l'Élève. . . . . 1 fr. 10
    Livre du Maître, ou *Solutions des Problèmes et Exercices*. . . 1 »

RÉCRÉATIONS MATHÉMATIQUES, nouveau recueil de questions curieuses et utiles, extraites des auteurs anciens et modernes, par M. Vinot, professeur de mathématiques à Paris. 1 vol. in-8°, prix. . . . . 3 fr.

TRAITÉ DE COMPTABILITÉ *en partie simple et en partie double*, précédé d'un Vocabulaire des expressions commerciales, de Formules d'actes et de Lettres de commerce, par J. Schneider, comptable de maisons de banque, de commerce et d'industrie. 1 volume format Charpentier, prix. . . . . 1 fr. 50

PARTAGE DES TERRAINS, ou GÉODÉSIE AGRAIRE, contenant: 1° Des méthodes numériques et géométriques, simples, claires, rigoureuses, pour diviser toute espèce de bien rural, accessible ou inaccessible; 2° La partie législative : procès-verbaux, bornages, expertises, etc.; à l'usage des géomètres-arpenteurs et des instituteurs, par J. Decousu, professeur. — Prix. . . . . . . 1 fr. 50

GÉOMÉTRIE APPLIQUÉE AUX ARTS ET AUX MÉTIERS, par Henri Harant, professeur à l'Association polytechnique. 2 volumes in-8°, texte et planches, ensemble. . . . . 5 fr.

PREMIERS EXERCICES DE DESSIN, destinés aux jeunes enfants, par M. Darlin, professeur à Paris.

    Album n° 1, de 100 petites Études variées. — Prix, broché. . . 1 fr.
    Album n° 2, de 100 nouvelles Études variées. — Prix, broché. . 1 fr.

PARIS. — IMPRIMERIE ÉDOUARD BLOT, RUE SAINT-LOUIS, 46.

www.ingramcontent.com/pod-product-compliance
Ingram Content Group UK Ltd.
Pitfield, Milton Keynes, MK11 3LW, UK
UKHW021348100726
13657UKWH00006B/283